SOUVENIRS

D'UNE ENFANT DE MARIE

SOUVENIRS

D'UNE

ENFANT DE MARIE

RACONTÉS

PAR M. L'ABBÉ B...

CHANOINE HONORAIRE

Nemo miretur, si angelis comparentur, quæ angelorum domino copulantur.
(*Stus Ambr. de Virg.*)

Ne vous étonnez pas de voir comparer aux anges celles qui ont choisi pour époux le roi des anges.

TOURS

IMPRIMERIE ROUILLÉ-LADEVÈZE

1879

A TROIS MÈRES

UN MOT AUX LECTEURS

Hæc scribo, ut gaudeatis, et gaudium vestrum sit plenum [1].

Joa., Ep. I.

Après bien des hésitations et des résistances, je cède enfin à l'idée de reproduire les principaux traits de la vie et des derniers jours de cette douce et charmante enfant. — Bien des motifs semblaient s'y opposer. — Ces pages resteraient-elles manuscrites? elles ne seraient destinées alors qu'à un petit nombre de personnes l'ayant eue sous les yeux, auxquelles, pour cela, elles n'apprendraient rien. Aurait-on l'intention de les répandre? de quelle utilité pourraient-elles être pour le public, même le mieux intentionné, quand on a tant de livres éminents, tout à la fois, par le sujet qu'ils renferment et par le talent des

[1] Ceci a été écrit pour votre consolation et votre grande consolation.

auteurs qui les ont écrits? Nous sera-t-il possible, d'ailleurs, de parler de celle-ci, sans le faire aussi de deux jeunes personnes auxquelles elle a été si intimement liée que la vie de l'une a été celle des deux autres? Or, celle dont nous parlerions est dans une autre patrie, tandis que les deux autres sont encore vivantes, et il n'est point prudent de louer ceux qui sont encore à l'épreuve de la vie. Sous les froides atteintes de l'âge, comment pourrions-nous trouver les couleurs qui conviennent pour peindre les charmes délicieux d'une belle âme et d'une piété de vingt ans.

Dans cette vie, encore, et dans cette mort, il n'y a rien eu de très frappant, ni révélations, ni miracles, ni grandes austérités : rien que de doux, d'aimable, d'innocent, de candide et de bon. Ne serait-ce pas s'exposer à ternir ces modestes et humbles fleurs que de vouloir y toucher sans besoin d'une main appesantie par les années? Voilà ce qu'une voix nous disait, en appuyant son langage du ton si estimé de la prudence, de la discrétion et de l'*ama nerciri*.

Une autre nous a dit que, dans ces œuvres, il faut s'oublier soi-même; que ce que Dieu avait si évidemment béni pendant la vie, il le bénirait encore;

que les montagnes et les cèdres ne sont pas seuls à faire admirer la puissance de Dieu dans la nature ; que tout infimes qu'ils soient, le brin d'herbe et la petite fleur des champs nous parlent encore de sa bonté et de ses grandeurs, et que, de même, ces sortes de vie sont des merveilles de la grâce non moins admirables que les plus distinguées ; qu'il n'est point indifférent de montrer ce que peut produire la piété chrétienne ; que les jeunes amies dont il pourrait être parlé, retirées, aujourd'hui, dans le cloître, peuvent être considérées comme n'étant plus du monde, et que le peu de bruit que pourra faire cet écrit ne pénétrera pas au delà de leurs grilles.

Elle a ajouté que nous aurions, pour peindre la charmante enfant, les lettres et les écrits de ses compagnes, mieux faites que nous pour parler le langage qui convient aux vertus de cet âge. Deux pensées enfin, nous ont déterminé : la première, celle de rendre grâce au Dieu de bonté qui nous avait donné ce beau spectacle de trois jeunes filles unies par la plus touchante piété, et celle d'apporter quelque consolation à trois mères que la main de Dieu, toujours adorable, a privées du don si doux qu'il leur avait fait.

Que Dieu soit donc béni ! nous essaierons de

montrer ce que la *nature*, l'*éducation* et la *grâce de Dieu* réunies peuvent produire dans un cœur adolescent. Telles seront les principales partitions de cet écrit.

Puisse la divine Bonté nous donner la simplicité qui fut le caractère connu de cette enfant bénie, et dont il convient de ne retracer la vie que par le langage le plus simple et le plus doux.

Nous dédions ces pages à sa mère, à ses compagnes, à toutes celles qui l'ont connue, à deux autres mères encore qui y trouveront des lettres touchantes, bien capables de leur faire aimer, s'il en était besoin, celles qui leur ont été enlevées pour le temps de l'exil. On trouvera, sans aucun doute, que ces lettres sont la meilleure partie de ce récit, et c'est sur elles que nous appelons principalement l'attention. Ces lettres, plus que nous, feront connaître le cœur de ces chères enfants.

I

LA NATURE

Ecce puer meus electus quem elegi,
posui super eum spiritum meum[1].
Math. XII. 18.

Ce qu'on appelle la nature, n'est-ce pas Dieu lui-même? Le livre saint par excellence nous apprend qu'il ne tombe pas un cheveu de notre tête sans sa permission; comment donc pourrions-nous considérer les dons accordés dès l'enfance et les qualités natives autrement que venant de la main même de la divine Bonté? mais c'est l'habitude des hommes d'attribuer à la nature les dispositions heureuses ou malheureuses qu'on apporte en naissant; nous le voulons bien.

La douce enfant, dont nous essayons d'esquisser

[1] Voici une enfant que j'ai choisie, et en qui j'ai mis mon esprit.

la vie et la mort, naquit en Touraine, le 10 février 1853. Elle fut, dès son apparition dans le monde, placée, on peut le dire, tout à l'ombre du sanctuaire, puisque la maison de ses parents était si contiguë à l'église que les murs de l'une étaient en même temps ceux de l'autre. Heureuse disposition qui rendra, tout d'abord, la douce enfant amie de la maison de la prière et des saintes choses qui s'y accomplissent. Elle verra les pieux fidèles s'y rendre, les uns aux fêtes publiques, les autres individuellement, selon le besoin ou l'inspiration de leur cœur. Le chemin lui en sera tracé, et ses premiers pas l'y conduiront ; la piété, rendue pour elle si facile, deviendra une douce habitude de son enfance.

A ce premier avantage venait s'en joindre un autre d'un grand prix. C'est un bien grand malheur pour un enfant de naître de parents qui ont laissé se perdre en eux les sentiments de la foi, et ont abandonné les saintes obligations de la vie chrétienne. Quand les yeux de l'intelligence commenceront à s'ouvrir en lui, que verra-t-il, qu'entendra-t-il dans la maison paternelle ? des blasphèmes, peut-être, et des manières de vivre bien éloignées de celles qu'inspire la sainte crainte de Dieu. Il n'entendra jamais parler avec respect, encore moins avec amour, de Jésus qui nous a sauvés, de sa douce et sainte Mère, notre espérance auprès de lui, de Dieu qui nous voit et doit nous juger, de notre origine et de nos fins dernières, sujets bénis de récits si charmants de la part des mères chrétiennes.

La chère enfant n'eut pas ce malheur; le père, la mère, tous ceux qui habitaient la maison paternelle avaient d'autres sentiments et d'autres habitudes de vie, et ceux dont elle recevait le lait et les aliments de la vie corporelle, étaient bien empressés aussi à lui donner ceux de l'âme et du cœur. Là régnait l'esprit chrétien et ses yeux ne pouvaient s'ouvrir qu'à de bons exemples.

Les mœurs chrétiennes d'autrefois et les saintes institutions de l'Église sont bien défigurées aujourd'hui en ce qui regarde le saint baptême. C'est par une touchante sollicitude que cette intelligente mère donne un parrain et une marraine à l'enfant qui vient d'être incorporé à la société des enfants de Dieu. Ces deux témoins d'un acte si considérable prennent les plus graves engagements; le nouveau baptisé sera élevé dans les principes de la foi; on l'initiera de bonne heure aux pieux devoirs qu'elle impose; on veillera sur ses mœurs et ses croyances; ils en répondront devant Dieu.

Si le père et la mère viennent à lui manquer, ils devront lui en tenir lieu, en ce qui regarde surtout les bons exemples et les pieux conseils ; les noms qu'on leur donne de *parrain* et de *marraine* ressemblant de si près à ceux de père et de mère, le leur disent assez.

Les parents intelligents doivent donc choisir avec soin ceux qu'ils appellent à remplir ces fonctions auprès de leurs enfants. Qu'arriverait-il, en effet, si ceux qui portent ces doux noms, et qui, dans tant de circonstances solennelles, figurent dans les rangs de la famille, étaient antichrétiens ou de mœurs peu honorables ? Hélas ! de nos jours, combien y regardent peu, et font le choix dont nous parlons, sans examen, sans réflexion !

On eut de meilleures inspirations dans la maison des parents de la chère enfant, et l'on eut soin de lui donner un parrain et une marraine craignant Dieu, dont elle pourrait dans la suite se faire honneur et suivre les exemples.

Les intentions de l'Église sont méconnues encore dans le choix du nom à donner aux enfants, lors de la célébration du saint baptême. C'est au père et à la mère surtout qu'il appartient de choisir les saints qu'ils donneront pour patrons, c'est-à-dire pour protecteurs à leurs enfants, et que ceux-ci devront prier et vénérer pendant leur vie. Ils devront choisir ceux dont les vertus sont plus connues et dont la mémoire est en plus grande vénération. Ceux-là montrent-ils des sentiments chrétiens et l'intelligence des saints rites, qui donnent à leurs enfants des noms pris dans des livres à aventures romanesques, ou pour le seul plaisir d'une prononciation quelque peu élégante?

La chère enfant dont nous nous occupons reçut au baptême les noms de *Marie-Augustine-Eugénie*: on l'appella *Maria*, nom que nous lui donnerons désormais. Il est bien doux ce nom de Marie, si admi rablement porté par la sainte Mère du Sauveur; il convenait éminemment à celle dont le caractère allait être d'une si charmante douceur.

Puissent ces observations sur le choix des parrains et marraines être de quelque utilité!

II

Sous de tels auspices et avec la pieuse sollicitude qui allait l'entourer des soins les plus chrétiens et les plus intelligents, il était permis d'attendre les meilleurs résultats, et en effet, les qualités du cœur se firent connaître de bonne heure dans cette enfant privilégiée. Elle n'avait pas encore trois ans, que, par nombre de petites prévenances et de petits procédés enfantins, elle faisait déjà connaître tout ce qu'il y avait en elle de sensibilité et de délicatesse de sentiment. Une perte bien sensible venait d'apporter l'affliction dans cette famille qui depuis en a eu bien d'autres.

Un jeune élève du séminaire, enfant de la même maison, doué de moyens qui l'avaient constamment tenu à la tête de sa classe, avait été obligé de quitter l'étude et de rentrer dans sa famille, puis, s'affaiblissant de jour en jour, il avait fini par succomber. On se figure facilement la peine que l'on ressentit dans cette famille chrétienne, c'était pour le père un fils bien-aimé de moins, mais de plus, sa mort brisait les plus chères espérances. Ce jeune élève était déjà avancé dans ses études ; il serait prêtre un jour, à la joie, à la consolation de tous ; quelques années encore et il allait arriver à ce but désiré. La petite Maria, sans qu'on s'en occupât beaucoup au milieu de ces chagrins, avait pris sa part dans la douleur commune. On voyait en elle toutes sortes de touchantes attentions pour consoler son pauvre grand-père ; elle lui prenait les mains, les lui baisait amoureusement. Un jour, entre autres, elle le conduisit dans la chambre du cher défunt, et devant lui, se mit à genoux, en prière, croyant par là lui apporter de la consolation.

L'innocence, qui fut le caractère distinctif de cette candide enfant, se fit voir en elle, à ce même âge environ. Ayant été conduite par son père et sur les bras de son père à un petit spectacle forain, il arriva que le jongleur feignit, comme on sait, de se dépouiller de ses vêtements, les uns après les autres. Quand elle vit la première apparence de nudité, elle demanda à quitter ce spectacle qui l'offensait ; mais quand la farce alla plus loin, elle n'y put plus tenir, ses cris obligèrent bien à l'en retirer, et dans la suite il ne fut plus possible de lui parler de semblables jeux, même quand on luï donnait l'assurance qu'il n'en serait pas ainsi. Belle et instinctive innocence dont elle donnera plus d'une preuve dans la suite! Que les parents ne prennent-ils garde d'éloigner de leurs enfants tout ce qui peut blesser cette belle vertu et de conserver en eux la grâce précieuse de leur baptême!

Il y avait dans cette enfant une crainte très marquée de causer le moindre déplaisir à sa mère : on en raconte deux traits charmants.

Un jour que la mère, pressée de rentrer chez elle, la menait d'un pas plus rapide que de coutume, la petite Maria, dans sa candeur, pensa que ce ne pouvait être que parce que sa mère avait quelque mécontentement contre elle, quoiqu'il n'y eut eu aucune occasion pour cela, et en multipliant ses petits pas, elle ne cessait de répéter : « Maman, je ne le ferai plus! Maman, je ne le ferai plus! »

Le second trait ajoute encore à ce premier. La chère enfant avait une telle tendresse pour sa mère qu'elle ne pouvait supporter de lui voir la moindre apparence de peine, et elle portait ce sentiment si loin que, lorsqu'elle la voyait faire quelques mouvements d'impatience ou simplement quelque promptitude inaccoutumée, son cœur, éminemment sensible, s'en émouvait, et allant à elle, elle l'embrassait en répétant son : « Je ne le ferai plus! Je ne le ferai plus ! » et cette aimable sensibilité, elle l'a gardée, comme on le verra, jusqu'à ses dernier jours. — Petits enfants, enfants de tout âge, apprenez d'elle à épargner toute peine à vos mères!

Sur ces entrefaites, la petite Maria n'ayant guère plus de trois ans, une circonstance bien douloureuse survint : la chère petite faillit nous être enlevée. La typhoïde s'était répandue dans le pays, dans le quartier, dans la famille même de la petite Maria : l'enfant en fut atteinte de la manière la plus grave. Pendant plusieurs semaines, le mal alla en croissant, et il arriva à ce point qu'on perdit l'espoir de la sauver. L'enfant, absorbée par la maladie, n'avait plus aucune connaissance; son sourire était éteint, et tout son être semblait ne plus respirer que la mort. « Charmante enfant perdue! » dîmes-nous plusieurs fois en la visitant.

A cette malade de trois ans, il eut fallu les soins dévoués et délicats de la mère ; la mère, aussi elle, était prise de la même maladie, à tel point qu'elle restait insensible à l'état de sa fille : on sait le triste abattement que cause cette maladie. L'espoir enfin reparut ; la fille et la mère furent rappelées à la vie. Nous bénîmes Dieu de nous avoir rendu, en particulier, une enfant dont les qualités naissantes donnaient tant d'espérances pour l'avenir.

La bonté de Dieu voulut bien nous la laisser, pour nous faire connaître tous les charmes qu'il avait déposés dans cette nature privilégiée, mais il ne cédait que pour un temps celle qu'il voulait mettre de bonne heure au rang des anges.

III

Aux délicates attentions, aux aimables gentillesses d'une si délicieuse enfance, aux mille baisers affectueux que la petite Maria multipliait pour ses parents, elle ajoutait quelque chose qui valait mieux encore ; selon l'expression du saint Évangile, nous n'osons pas dire comme le saint enfant Jésus, grandissant en âge, elle grandissait encore en véritable sagesse : en elle se développait, d'une manière évidente, l'amour de Dieu et de la prière.

Les deux pas qu'il y avait à faire de la maison de ses parents à l'église, elle les faisait souvent, à un âge où elle ne pouvait point en sentir l'importance ; sans avis, sans recommandation, elle s'y dirigeait aux heures marquées pour sa prière, et, dans le courant du jour, si on l'avait perdue de vue, on pensait pouvoir la retrouver dans l'église où sa piété native, on le savait, la conduisait souvent.

1.

C'était principalement vers l'autel de la Sainte Vierge que se dirigeait cette pieuse enfant, et combien il était touchant de l'y voir, les mains jointes et les yeux baissés, comme les personnes les plus recueillies dans la prière.

On sait que ceux qui en ont le moins besoin sont les plus empressés, d'ordinaire à la confession. L'innocente Maria voulut en arriver là, bien avant le temps où on y présente les enfants. Sa première confession se fit un jour de fête de l'Immaculée Conception, jour bien choisi pour celle qui devait être une enfant de Marie si pure qu'une de ses amies l'appela le *lis immaculé*.

A l'école, où elle fut conduite de bonne heure, c'était pour ses petites compagnes, les mêmes prévenances et la même douce amitié. Qui l'eût vue dans ses jeux, où elle excellait d'adresse et d'entrain, l'eût prise pour une enfant légère ; elle l'était, en effet, du pied et dans tous ses mouvements agiles et gracieux ; mais il y avait en elle une ardeur qui devait de beaucoup l'emporter sur celle-là. Ce qu'elle montrait dans les jeux du jeune âge, se retrouvait en elle quand il s'agissait du service de Dieu et de la pratique des œuvres saintes.

« Une seule fois, a écrit une de ses amies d'en-

« fance, elle eut à l'école une réprimande; elle en « eut tant de peine qu'il fut difficile d'arrêter ses « larmes, et que, par l'expression de son repentir, « elle toucha le cœur de ceux qui en furent té- « moins; sa mère, continue la même, nous a « avoué que jamais elle n'avait eu à employer pour « elle la correction. » Dieu avait fait cette enfant tout aimable.

A huit ans, elle fut conduite auprès d'une parente, religieuse institutrice dans une paroisse du Poitou, chez laquelle elle resta plusieurs semaines. Elle se trouva là dans son centre : chanter, faire l'institutrice et la religieuse, lui allait à merveille, et son bonheur était de s'approcher de la bonne sœur, et de frôler sa robe noire, de lire et de prier avec elle. Ce n'étaient encore là que les indices enfantins d'une heureuse et pieuse nature : tous ces germes devaient avoir plus tard leur belle et gracieuse floraison.

A cette même époque, elle fut choisie pour couronner la sainte Vierge à la clôture du mois de Marie. On se figure facilement la joie et le bonheur qu'éprouva cette enfant à remplir une fonction qui allait si bien à sa hâtive piété. Aux jours de fêtes de la sainte Vierge, nous voyons encore sur l'autel de Marie des objets offerts par elle à cette occasion, qui nous rappellent et la couronne et la main gracieuse qui la déposa sur le front de la divine Mère, au milieu des chants de toute l'assistance, selon l'heureuse habitude de la paroisse.

A partir de cette époque, la petite Maria montra un nouveau zèle pour les choses pieuses ; la chère enfant réunissait, sur les marches de l'église, un certain nombre de petites filles de son âge, ou jeunes campagnardes ne sachant pas lire, et là, elle leur faisait sérieusement le catéchisme, leur apprenait à réciter leur prière et parfois y mêlait quelques chants.

Quand arriva l'époque de la première communion, son cœur se livra tout entier, on le pense bien, à la préparation de ce grand jour. La première sur les bancs de l'école, elle la fut encore sur ceux du catéchisme, et ne perdit pas une seule fois cette place pendant toute l'année de préparation. Qu'elle fut belle, la chère enfant, dans ses vêtements blancs de première communiante, joignant aux avantages d'une taille gracieuse et très développée pour son âge, une attitude émue et recueillie, indiquant les dons divins qui étaient en elle.

On la vit dans la suite se montrer constamment douce, candide, naïve, sympathique, aimable et aimante. « Voyez donc, disait une de ses jeunes

« compagnes, comme Maria est empressée à rendre « service et à faire plaisir ; vraiment il n'y en a pas « d'autres parmi nous comme elle ! » Une autre a écrit de Maria : « Elle ne savait qu'aimer et obéir, « et elle grandissait douce et joyeuse, comme un « beau lis dans la vallée. »

C'est ce que nous avons appelé *les dons de la natur.* dans notre aimable enfant, tout en reportant nos actions de grâces vers Dieu.

Voyons quels furent sur elle les effets de *l'éducation*. Dans une âme si bien préparée, ils ne pouvaient être qu'excellents ; ils le furent en effet, et de nouveaux biens vinrent s'unir aux premiers pour avancer l'œuvre de Dieu.

IV

L'ÉDUCATION

O! quam pulchra est casta generatio! [1]

Sap. IV., I.

C'est un grand point de savoir donner de bons et saints maîtres aux enfants : leur avenir en dépend. On se ressent toujours du milieu dans lequel on a passé ses jeunes années, ou si l'on s'en éloigne, il est rare que, tôt ou tard, on ne revienne aux impressions du premier âge. Heureuses seront ces impressions, si les maîtres sont sincèrement animés de la crainte de Dieu, malheureuses, si ces principes si nécessaires, les maîtres ne les ont pas eux-mêmes.

Un trop grand nombre de parents sont sur ce point d'une indifférence étonnante. Pour eux les collèges et les pensionnats se ressemblent tous à peu

[1] Quelle est belle cette troupe d'enfants chastes et pures !

de chose près. C'est toujours des connaissances humaines qu'il s'agit. Quant à la véritable éducation, on l'oublie. Et pourtant de quoi s'agit-il ? de donner des principes d'honneur, de vertu, de résistance aux mauvais penchants, c'est-à-dire de former le cœur et la conscience, et pour cela il faut des maîtres religieux et profondément religieux.

« Les enfants en perdent tant avec l'âge, qu'on « ne peut leur en donner trop, » disait quelqu'un, en parlant des principes religieux.

Si l'on pensait qu'on n'est point seulement sur la terre pour ce petit nombre d'années qu'on appelle la vie, mais qu'on doit rendre compte à Dieu de la manière dont on les passera, on mettrait encore un bien autre prix à l'éducation religieuse.

Pour l'éducation des jeunes filles, les couvents sont les établissements auxquels des parents intelligents donneront toujours la préférence. Que de bien la société doit à ces saintes institutions ! « Si la société, « en France, se conserve encore ce qu'elle est, disait « un homme de grand sens, elle le doit aux maî- « tresses qui forment les mères de famille, » et c'est à ces saintes maisons qu'il pensait.

Notre chère Maria eut le bonheur d'être placée, après sa seconde communion, dans l'une de ces maisons, depuis longtemps connue par son dévouement habile dans l'art d'élever les enfants ; elle fut confiée aux Ursulines de Tours, et passa trois années sous leur pieuse direction. Il faudrait dire ce que devint la chère enfant sous ces mains tant de fois heureuses, rencontrant une si douce nature et un cœur si bien disposé. Ce cœur si bon et si simple va être là un calice tous les jours ouvert au bienfait de la céleste rosée et en recueillera toutes les fraîcheurs.

Le pensionnat sera pour l'aimable enfant un nouveau théâtre sur lequel, pendant quelques années, vont se déployer les heureuses qualités de cette charmante nature. Elle fera la consolation de ses maîtresses qu'elle aimera comme des mères et auxquelles son cœur expansif sera toujours ouvert, en même temps que l'agrément de ses compagnes. Au milieu de cette chaste troupe de jeunes filles élevées sous le regard de Dieu, ce caractère ouvert, franc, enjoué va trouver toute son expansion. D'une piété douce et recueillie devant les autels qu'elle a appris à aimer de bonne heure et dans tous les exercices de piété, elle sera brillante, pleine d'entrain, d'initiative et d'agréments au milieu des récréations, des jeux, des conversations, des chants, des fêtes et des plaisirs de cet âge. Maria sera toujours prête, toujours d'accord, toujours aimable, quand il s'agira de faire plaisir, de se récréer et de récréer les autres. Elle sera là pleinement heureuse et rendra les autres heureuses, au point que son absence sera un vide et son départ regretté de toutes.

La discrétion religieuse veut qu'on ignore ce qui se passe dans cet intérieur; écoutons pourtant ce que l'une des amies de Maria nous raconte de ses jours passés au pensionnat. « Au couvent, tout le monde, « maîtresses et élèves connurent bientôt et aimèrent « cette aimable jeune fille. Toute à toutes, elle ne « savait rien refuser. Avec ce charmant caractère, « d'une égalité toujours joyeuse et cordiale, com- « ment ne pas être aimée. »

A son arrivée, les plus grandes, jouant avec son nom de famille, et voyant, dans la petite nouvelle venue, tant d'amabilité, se plurent à l'appeler *Petit-Jean* : ç'allait être la préférée du pensionnat. « Déjà, « nous continuons la citation, cette bonne Maria « avait gagné tous les cœurs, conquis toutes les « sympathies : elle était aimée comme elle aimait « elle-même. »

L'ingénuité qu'elle a gardée jusqu'à son dernier jour se montrait là tout d'abord. « Il arrivait parfois « à la franche jeune fille, lisons-nous dans les mêmes

« pages, de trahir sa candeur virginale ; ainsi lors-
« qu'étant encore pensionnaire, elle entendait faire
« allusion à la vocation du mariage, il lui échap-
« pait ce mot charmant qu'elle nous répéta, depuis,
« comme pour s'humilier, « Oh ! j'aurais honte,
« moi, de me marier. » Oh ! belle et blanche tige,
« que n'ont guère touchée les épines du chemin de
« l'exil ! Mon Dieu, soyez béni de cette grande pro-
« tection maternelle dont votre Mère immaculée a
« entouré toujours notre chère Maria ! »

C'est ainsi que Maria parut aux yeux de tous ceux à qui il fut donné d'avoir quelques relations avec elle. A vingt ans, son langage était aussi candide qu'aux premières années de son adolescence. « Cette
« charmante enfant, disait une dame qui l'avait ren-
« contrée à un atelier de travail pour les pauvres,
« parle comme si l'ombre du mal n'était pas encore
« arrivée jusqu'à elle : c'est vraiment une *innocente*. »
Innocente de cœur, oui, elle l'était, mais elle avait des grâces dans l'esprit qui en eussent fait une personne appréciée dans le monde, si Dieu l'y avait placée ; il lui destinait là-haut, une autre société, une vie meilleure.

V

Le choix des compagnes est, en quelque sorte, déterminant pour la vie ; on est ou l'on devient comme celles que l'on aime et que l'on fréquente. Un cœur s'est bientôt déversé dans un autre, pour le bien, si l'amie est vertueuse, pour tout autre chose, si le lien qui unit vient d'ailleurs que de l'innocence. Chères jeunes personnes, s'il en est quelques-unes à qui il arrive de lire ces pages, prenez-garde, je vous en conjure ! le serpent est, parfois, caché sous les plus belles fleurs.

La candide Maria, inspirée par la droiture de son cœur et par l'ange conducteur de sa jeunesse, aimable pour toutes ses compagnes, n'accorda pourtant son intimité qu'à celles dont la vertu lui paraissait la plus épurée ; on put le voir par celles avec lesquelles elle conserva des relations de lettres après sa sortie du pensionnat, et Dieu lui donna dans la suite des amies, dont nous parlerons, auxquelles elle procura les plus charmantes jouissances et de qui elle reçut aussi des secours dont elle fut reconnaissante jusqu'à son dernier jour.

De son amitié pure et fidèle, voici ce qu'écrivit l'une de ces précieuses amies : « Le bon Dieu, dont « la charité et la miséricorde sont infinies, nous a « accordé bien des grâces, mais entre toutes, celle « d'une amie fidèle : c'est un don céleste qui ne « peut être apprécié que par les âmes favorisées de « ce bienfait si doux. »

Les vacances, si désirées, si souvent appelées, au pensionnat comme au collège, ne sont pas toujours accompagnées du don de la persévérance, et plusieurs vertus charmantes y ont trouvé des pièges cachés sous leurs pas, la vigilance n'ayant pas été toujours suffisamment intelligente et assidue. Les courses, les voyages, les parties de plaisir, les invitations des parents et des amis, tout cela ne sonne plus comme la cloche du pensionnat, et l'on y oublie, parfois, les résolutions les mieux arrêtées.

En rentrant dans la maison paternelle, notre chère Maria avait le bonheur d'y trouver tout autour d'elle, l'édification qu'elle y avait laissée, et le seuil de l'église paroissiale, qu'elle avait tant de fois franchi avec joie, toujours voisin de celui de ses parents, l'invitait encore, et lui présentait des facilités qui allaient à sa piété expansive.

C'était, d'ailleurs, le règlement à la main que la jeune pensionnaire venait prendre part aux vacances, et elle avait le bon esprit de ne perdre de vue aucune des recommandations de ses maîtresses. Ce n'est pas, certes, qu'elle dédaignât les récréations et le plaisir; nulle n'était plus alerte qu'elle, quand il s'agissait de voler à quelque distraction : elle en eut plutôt mis dix en train ; mais tout cela se trouvait si bien encadré dans la prière, les exercices pieux, la chaste modestie, que ce n'étaient là que les charmes d'une piété ravissante, sachant allier, tout à la fois, la joie et l'innocence.

Il y avait, d'ailleurs, des correspondances avec des amies du pensionnat, dans lesquelles on se faisait de pieuses recommandations, où l'on se demandait compte du temps passé dans ces jours quelque peu dangereux, où l'on se prêchait un peu l'une et l'autre, où l'on se rappelait, l'une à l'autre, les pieux engagements pris avant le départ : délicieux avantages d'une amitié chrétienne!

Notre chère pensionnaire en vacances trouvait

aussi sur les lieux mêmes, tout près d'elle, un mentor dévoué et quelque peu sévère qui ne perdait rien de vue, et qui n'eut pas manqué de rappeler aux saintes promesses. Avec cet ange gardien on conservait le même goût pour la prière, la même assiduité aux sacrements, et peut-être lui avait-on donné le droit d'aller jusqu'à demander des comptes de conscience ou de dispositions intérieures, l'une faisant office de maîtresse, et l'autre, d'élève soumise et disciplinée.

Heureuse pendant les vacances, notre excellente enfant ne l'était pas moins quand le temps était arrivé de rentrer au pensionnat de Sainte-Ursule. Elle allait y retrouver ses maîtresses bien-aimées, ses compagnes gaies et aimables que deux mois de séparation avaient rendues plus chères encore ; y revoir ces murs et ces lieux dans lesquels on avait passé des jours si heureux que les joies de la famille ne faisaient point oublier. Là encore, elle se reprenait comme on l'a dit « à ne savoir qu'obéir et aimer. »

Charmante vie que celle des peusionnats chrétiens! qu'on ne croie pas que tout y soit de la couleur des robes noires des maîtresses. On y passe du sérieux à la joie, du travail au jeu, du silence aux conversations où mille enjouements viennent se mêler. On y vit au milieu de maîtresses qui, pouvant être des femmes distinguées dans le monde, mettent leurs grâces à former leurs chères élèves à toutes les vertus. On s'y trouve parmi des jeunes filles, formant une société telle que, dans le cours du reste de la vie, on n'en trouvera plus une seule valant celle-là. Là tout se succède avec variété : les études et les fêtes, la prière et les chants, les concours et les récompenses, les luttes, les combats et les témoignages d'amitié les plus tendres.

On pense bien que notre Maria était là dans son élément, toujours disposée aux exercices de la piété, toujours pleine d'entrain pour tout ce qui pouvait procurer de l'agrément à ses compagnes ; toute à Dieu et presque autant à ses amies ; c'est ainsi qu'elle a été jusqu'à la fin.

VI

Le mentor ferme et même un peu sévère, ou l'ange des bons conseils que la jeune Maria trouvait près d'elle, pendant le temps des vacances, était une jeune personne du même pays, qu'elle avait trouvée au même pensionnat et avait affectionnée davantage. On verra plus tard combien elle lui dut, et ce que devint, sous l'inspiration de la grâce, cette personne si entièrement dévouée à Dieu et à son amie. Heureuse rencontre, dirons-nous, et providentielle intimité qui vint ajouter encore à ce que la main de Dieu avait mis dans le cœur de la jeune pensionnaire.

L'heureuse influence prise par cette amie, si utile pendant les vacances, se continuait au pensionnat, où l'on avait le bon esprit de se ranger parmi les plus ferventes, lorsqu'un coup vint frapper douloureusement la chère Maria, et l'enlever rapidement à ses études, à ses maîtresses, à ses compagnes, à ses goûts, au pensionnat de Sainte-Ursule, à tout ce qui avait fait ses plus chères délices.

Il y avait près de trois années que l'aimable pensionnaire de Sainte-Ursule vivait à l'ombre de ce tabernacle bien-aimé , gardant toujours la simplicité enfantine qui la distinguait et son aménité permanente, éloignée de toute préoccupation du dehors; mais l'heure de l'épreuve allait sonner. Avant la fin de l'année scolaire, on rappela la chère enfant dans sa famille. Affaibli depuis longtemps déjà, son père en était arrivé successivement à être atteint d'une maladie de poitrine; ses forces déclinaient de jour en jour; des craintes sérieuses se faisaient sentir dans son entourage, et lui, connaissant sa position, n'espérant plus sur la prolongation de sa vie, désirait passer avec sa charmante enfant le temps du moins qui lui restait à vivre. Il demanda qu'on la lui rendît.

A quinze ans, la douce Maria quitta donc le pensionnat pour revenir chez ses parents, doublement attristée par sa séparation du sanctuaire délicieux qu'elle quittait pour n'y plus revenir habiter, et par le grave et douloureux motif qui la rappelait à la maison paternelle. A peine entrée dans l'adolescence, cette pauvre enfant, qui ne connaissait que la prière, l'étude, les ris et la gaîté des âmes pures, voyait se dresser devant elle le voile sombre d'un grand deuil et d'une douleur amère, apportant à son cœur des impressious bien différentes du passé.

Un mois d'angoisses, le mois d'août 1868, se passa entre les mortelles inquiétudes et les bien faibles lueurs d'espoir que donnait tour à tour la grave position du père bien-aimé. Entouré de tendresses, heureux autant qu'on peut l'être ici-bas, et à un âge où l'on a peine à penser à autre chose qu'à la vie, le père, d'un jugement très sain, ne s'abusait pas sur ce qui le menaçait et prenait tous les moyens pour s'y préparer. Il avait écrit son testament et reçu à temps tous les sacrements des mourants.

Auprès de lui, la chère Maria, rendue plus sympathique et plus aimante à cause de ce qui se préparait, ne cessait de redoubler et de multiplier les marques d'affection qu'elle donnait à son père, et de prier pour lui de toute la ferveur de son âme. Aller du chevet de douleur à la maison de Dieu pour y répandre sonâme et y renouveler ses prières, était toute l'occupation et l'emploi de ses jours. Avec quelle ferveur et quels pieux sentiments la chère enfant assista aux cérémonies saintes qui préparèrent son père à mourir !

Enfin le jour douloureux arriva, et la mort du père chéri, survenue le 29 août 1868, laissa dans la désolation la chère Maria et toute sa famille déjà bien des fois éprouvée. Avant sa mort, le père, bien affectueusement prévoyant, avait fait deux recommandations expresses concernant sa chère enfant : la première était de donner de grands soins à la santé de sa fille, qu'il laissait pour consolation à sa mère, et dont la vie lui semblait loin d'être assurée ; la seconde n'était-elle pas toute providentielle, et comme inspirée de Dieu, cette charmante enfant étant morte dans le bel état de la virginité, selon son choix et sa volonté bien déterminée, comme on le verra ? Il demandait qu'on ne l'engageât jamais dans les liens du mariage : « Que je serais « content, disait-il, dans ses derniers jours, si ma « chère Maria ne se mariait pas ! » Vœu paternel qui fut amplement exaucé.

Voilà donc la jeune enfant devenue orpheline ! elle avait suivi douloureusement la dernière période de la maladie de son père, assisté, pleine d'alarmes, à ses derniers moments, reçu sa bénédiction, et ressenti les terribles coups que la mort porte avec elle. L'impression qui lui en resta fut si sensible qu'il ne lui fût plus possible d'approcher du lit des mourants sans se sentir bouleversée. La plaie était profondément marquée au fond du cœur de la chère enfant. « D'une délicatesse extrême, cette jeune âme, blessée au vif dans ses affections les plus chères, a dit « une amie qui la connaissait bien, avait gardé « ouverte la plaie de son cœur, et toute occasion « analogue agrandissait cette blessure intérieure que « le ciel devait seul fermer. »

Un mot de la tendre Maria montre quelle était la sensibilité de son cœur : « Je souffre beaucoup, « dit-elle, de la mort de mon père, mais de la peine « de ma chère mère !!! »

Les amabilités de ce caractère charmant cessèrent pour longtemps, et il sembla avoir perdu une grande partie de ses grâces. Il restait heureusement en Maria une tendre piété : c'est avec Dieu qu'elle s'entretint de sa douleur, du brisement de son âme et de l'avenir qui se présentait à elle. Dieu a des baumes pour toutes les blessures et des remèdes pour tous les maux ; sa main divine soutint la chère Maria dans la voie qui s'ouvrait devant elle.

VII

Pendant ce temps-là, son amie intime du pensionnat, enfant aussi de la paroisse, ayant terminé ses études, était rentrée à la maison paternelle, et ces deux jeunes filles allaient pouvoir continuer leur charmante intimité. Pour cette amie fervente, c'était un devoir d'entourer de prévenances et de consolations celle qui en avait tant besoin, et c'était une satisfaction pour son cœur, si ardemment porté au bien, comme nous le verrons dans la suite. « Oh ! « alors, dit une personne qui entra plus tard dans « leur union, ces deux âmes, si bien faites pour se « comprendre et s'unir, ne furent bientôt plus qu'une « seule volonté, un seul cœur, ayant Dieu pour ob- « jet, et pour but leur sanctification mutuelle. »

C'est un moment de dangereuse épreuve que la rentrée d'une jeune pensionnaire du couvent dans le monde. Pour quelques-unes, la régularité de la vie en commun a lassé ; la liberté d'une vie plus aisée se présente avec des attraits, et le monde ne manque pas de joindre à cela ses maximes bien connues et ses sollicitations. Il appelle, raisonne étourdiment, et s'efforce par mille suggestions d'entraîner dans sa voie. Qu'est-ce que la retenue avec toutes ses privations, la crainte chimérique de dangers qui n'existent pas, une piété assidue qui n'est point de cet âge ? Ne doit-on pas faire usage des avantages que l'éducation a donnés et se produire dans le monde sans se tenir perpétuellement sous le boisseau ? Les parents, les amis, les connaissances réclament à leur tour, se mettent parfois de la partie. Plus d'une jeune personne s'y est laissé prendre, et n'a plus présenté, après quelques mois, qu'une ombre de ce qu'une éducation chrétienne l'avait faite.

Nos deux pieuses jeunes filles, s'en tenant aux conseils et aux vœux de leur chères maîtresses, échappèrent soigneusement à ces dangers. Elles se proposèrent, sans déroger aux devoirs que la bienséance impose, de garder dans le monde, le plus qu'il leur serait possible, les saines habitudes du pensionnat, d'en conserver du moins l'esprit, et leurs résolutions furent mises fidèlement en pratique. On les voyait assidues au saint sacrifice de la messe, recourir fréquemment aux sacrements, sachant bien que c'est là le moyen le plus puissant de se fortifier. Elles y ajoutaient de courtes visites qu'elles se faisaient alternativement tous les jours, pendant lesquelles les encouragements n'étaient pas oubliés. L'ange gardien, que nous connaissons, continuait là sa mission, que suivait, douce et fidèle, la chère Maria.

Ces deux jeunes amies, d'une intelligence si parfaite entre elles, n'eurent pas de peine à se défendre contre les tentations des plaisirs du monde, lesquelles ne se donnèrent pas même la peine de frapper à des portes qui leur étaient si résolument fermées. N'y avait-il pas lieu de respecter ces deux charmantes fleurs, qu'il eût été si dommageable de profaner et de détourner de leur heureux penchant !

Pendant cinq ans, ces deux jeunes filles vécurent ainsi dans la plus charmante union, s'entretenant dans leurs mutuels desseins, se servant l'une et l'autre d'appui. Son amie nous peint ce qu'était Maria au milieu de ces entretiens : « Cette chère enfant,
« en m'ouvrant son cœur, me dévoilait, sans le vou-
« loir, toutes ses qualités qui me ravissaient : je crois
« qu'il est difficile d'en trouver autant de réunies
« dans une même personne. Sa piété ne venait point

« de l'imagination ; douce et humble, elle semblait « la tenir du cœur même de Jésus. »

De temps en temps, elles se donnaient le plaisir de retourner pour quelques jours à leur pensionnat de Sainte-Ursule pour y prendre part à une retraite. Quel agréable et puissant soutien elles trouvaient dans ces pieux exercices, et quelle consolation il y avait pour elles à y revoir leurs anciennes maîtresses et leurs jeunes amies !

Quelques circonstances venaient-elles séparer momentanément ces deux jeunes filles, les pieux entretiens n'en étaient pas moins continués ; on faisait par lettres ce qu'il n'était plus possible de faire de vive voix. Qu'il serait charmant de suivre cette correspondance si édifiante et si affectueuse, si nous pouvions la transcrire ici !

Dans les retraites de Sainte-Ursule, dans celles qui se donnaient parfois à la paroisse, ces excellentes filles prenaient des résolutions ; et elles étaient tellement unies que celles de l'une étaient aussi celles de l'autre. C'est, toutefois, celles de la chère Maria que nous avons sous les yeux. Parmi d'autres nous trouvons celles-ci :

« Je ferai en sorte de communier deux fois la « semaine ; j'apporterai à cette sainte action, ainsi

« que dans mes confessions, toutes les dispositions « nécessaires, priant la sainte Vierge de préparer « elle-même mon cœur.

« Je serai très fidèle à toutes les ordonnances de « l'Église, étant dans la résolution de n'en jamais « violer une seule.

« Dans tout le cours de la journée, je me tiendrai « unie à Dieu, conservant sa présence et ne m'atta- « chant qu'à Dieu, à mon devoir et à mon salut.

« Tous les jours, je ferai un examen sur mon « défaut dominant.

« Vis-à-vis des personnes que je fréquente, je « serai douce et polie et éviterai de les contredire. « Je ne parlerai de moi que quand ce sera néces- « saire, et éviterai de me faire remarquer en quoi « que ce soit.

« J'aimerai les pauvres et les affligés et tâcherai « de leur faire du bien.

« Je veux surtout me rappeler que le bonheur « consiste dans l'accomplissement du devoir. »

Un confesseur lui a dit qu'il ne manque pas de personnes, ayant reçu de l'éducation, qui ne savent point respecter leurs parents, elle écrit :

« J'aurai une grande soumission à l'égard de mes « parents, je saurai me dévouer à faire leur bonheur

« par mes attentions, mes prévenances et l'égalité « de mon caractère. »

C'est à seize ans que cette heureuse enfant prenait ces résolutions. Un père très chrétien nous disait un jour : « Voilà ce que le Lycée a fait de mon fils : « un homme sans foi ni caractère. » A notre tour nous disons : Voilà ce que l'excellente éducation de Sainte-Ursule avait fait de ces enfants si bien douées déjà. Voyons ce qu'elles vont devenir, quand la grâce de Dieu, riche et abondante, s'unira aux bienfaits de l'éducation et aux dons de la nature.

VIII

LA GRACE

Beati mundo corde ; Quoniam ipsi Deum videbunt [1]
Mat. v, 8.

Nous allons voir son action.

Elle fut donnée en abondance, comme on va le voir, à ces chères enfants, qui le comprirent et en seront à jamais reconnaissantes; à leurs familles, honorées elles-mêmes des dons qui leur furent accordés; à la paroisse qui eut sous les yeux le touchant spectacle de leur zèle ; à nous-même qui, en ayant été le bienheureux témoin, avons eu à bénir la main de Dieu qui nous le donna.

Non, ce n'est ni ce qu'on appelle la nature, ni l'éducation, quelque distinguées qu'elles soient, qui font ces choses : c'est l'admirable grâce de Dieu.

[1] Bienheureux ceux qui ont le cœur pur, car ils verront Dieu !

Pendant six ans, les jeunes personnes dont nous allons parler ont donné l'exemple le plus frappant de la piété, de la chaste modestie et du zèle pour les intérêts de Dieu, en y joignant la douceur la plus aimable.

La douce Maria, avec le temps, avait vu devenir moins pesant le voile de la douleur causée par la mort de son père ; le naïf enjouement de son caractère avait pris le dessus, et se retrouvait en elle presqu'à l'égal du passé ; on commençait à revoir en elle la candeur, quelque peu enfantine, qu'elle savait si bien allier avec la piété : réunion charmante, il faut le dire, de deux aimables qualités qu'on voudrait toujours voir dans le jeune âge. Maria en faisait profiter son amie et tous ceux qui avaient quelque relation avec elle. Elle ne servit pas peu à préparer l'heureux événement qui va suivre.

Une jeune personne venait de rentrer, cette année-là, 1872, du pensionnat à la maison paternelle ; ses goûts, ses désirs, ses sentiments, son éducation étant les mêmes, elle ne tarda pas à prendre en estime celles dont elle voyait la vie si règulière et si édifiante et à s'approcher d'elles. La bonne Maria, douce et alerte, d'un cœur toujours ouvert, de l'abord le plus facile, servit de trait d'union ; on se visita, on eut des entretiens ; on se comprit, et bientôt les rapports devinrent intimes ; la petite société, d'où nous verrons sortir tant de bien, était formée et ne devait se séparer que par la mort et l'appel de Dieu. La nouvelle arrivée n'avait ni moins de ferveur, ni moins de zèle ; elle participa pleinement aux intentions des deux autres ; sa présence même ne fit que raviver leur pieuse et sainte amitié. Notre-Seigneur a dit : « Lorsque deux ou trois seront réunis en mon « nom, je serai au milieu d'eux. » Le saint Maître montra que ses promesses ne sont pas vaines ; il se trouva, en effet, au milieu de ces trois cœurs choisis, pour l'aimer de l'amour le plus tendre ; il leur communiqua ses inspirations et ses grâces, et les fit marcher d'un pas nouveau dans la voie de la ferveur.

Heureuse, bien des fois heureuse cette disposition de l'âme qu'on appelle la ferveur ! elle purifie, élève, transforme les cœurs, et par l'amour les rend capables des actions et des sacrifices les plus méritoires ; ce qui a fait dire à saint Augustin : « Qu'on me donne « une personne qui aime, elle deviendra capable de « tout bien. »

Ces trois âmes ferventes ne tardèrent pas à communiquer au dehors le feu béni qui les animait ; leur première œuvre fut l'établissement de la dévotion à saint Joseph. Depuis des années, on parlait beaucoup, dans les pensionnats religieux, de la dévotion à saint Joseph. Ce saint patriarche, dont la vie s'est passée entre Notre-Seigneur et la sainte Vierge, choisi de Dieu pour être le protecteur de ceux par qui de si grandes choses ont été opérées, devait être l'objet d'un culte particulier. Déjà une association avait été fondée sous le nom de *Cordon de saint Joseph*; il était regardé comme le gardien de la chasteté et invoqué dans ce sens; on le disait encore *l'avocat des causes perdues,* et on jugeait devoir être puissant au ciel sur le cœur de Notre-Seigneur, celui qui en avait été le gardien pendant sa vie mortelle; on disait: *Ite ad Joseph,* Allez à Joseph, et l'on attendait tout de sa puissante protection; l'Église, enfin, venait, sous l'inspiration du saint Pape Pie IX, de le choisir pour protecteur universel.

Nous nous souvenons des aimables sollicitations que nous firent ces chères enfants pour obtenir qu'on parlât de saint Joseph, de la dévotion à saint Joseph. On désirait que, dans l'église, il y eut un autel à saint Joseph ou, tout au moins, une statue de saint Joseph, pour aider à cette dévotion à s'y développer. Pendant ce temps, d'ailleurs, le zèle ne restait pas inactif, et ces chères enfants répandaient autour d'elles le cordon de saint Joseph comme soutien de la chasteté. Nous croyons fort que l'amour de cette belle vertu les portait principalement à répandre cette dévotion.

Une partie, enfin, de ce qu'elles désiraient leur fut accordée : une statue de ce saint fut élevée dans l'église. Les dispositions du monument ne permettant pas de faire autrement, la sainte image fut placée à une hauteur très-élevée, plutôt pour servir d'ornement que de manière à faciliter la dévotion des fidèles. Quoique la statue fût placée sur le passage des allants et venants, presque au-dessus de la porte d'entrée, nous voyions tous les jours ces pieuses jeunes personnes venir s'agenouiller sur le pavé de l'église, adresser leurs prières au saint de leur confiance, et, nous le croyons bien, le prier pour elles et pour les autres, car ces chères enfants, nous l'avons vu, avaient faim et soif de la conversion des âmes. Notre-Seigneur a dit : *Beati qui esuriunt et sitiunt justitiam,* Bienheureux ceux qui ont faim et soif de la justice.

Leur zèle, fut en effet, abondamment récompensé en elles-mêmes et en d'autres.

IX

La grâce de Dieu, c'est le grain de sénevé dont parle l'Évangile, lequel, tout petit d'abord, ne tarde pas à prendre de l'accroissement. La divine parabole eut son accomplissement dans le cœur de Maria et de ses compagnes, et l'année 1873 vit le développement de ce que la bonté de Dieu y avait si amoureusement déposé. « Cette année, a écrit l'une « d'elles, devint pour nous trois une année d'abon- « dance, une source de bénédictions et de grâces « merveilleuses, dont un grand nombre sont le secret « du cœur de Jésus, toujours admirable dans ses « œuvres. »

Continuons le récit de la même.

« Dès le commencement de cette année, il y eut, « dit-elle en s'oubliant elle-même, un grand avan- « cement dans l'esprit, la vie, et la conduite de nos

« deux chères amies : elles ne respiraient que l'amour « de Jésus. Cette disposition, ouvrage de la grâce, « se manifesta bientôt à l'extérieur par des signes « évidents de l'action divine. La simplicité dans le « vêtement, en retranchant tout le superflu, prouva « que les affections s'épuraient, et que l'esprit du « monde allait expirer en entier dans ces jeunes « cœurs, trop purs pour la frivolité. »

A cette époque, notre Maria atteignait sa vingtième année, l'une de ses amies avait deux ans de plus et l'autre environ deux ans de moins. C'est dans ces trois vases d'élection que la grâce déposa son ferment divin, et ce sont ces trois heureuses jeunes filles, si bien douées de la grâce de Dieu, qui vont nous donner, pendant des années, la plus touchante édification.

Une congrégation de la sainte Vierge existait depuis longtemps dans la paroisse et y avait fait un grand bien. Elle avait été une école de vertus pour un grand nombre de jeunes personnes, devenues dans la suite d'excellentes mères de famille, et, par là, fait l'édification du public et la consolation des pasteurs.

Quelles sont belles ces institutions de l'Église en faveur de la jeunesse, et qu'elles montrent bien la tendre et chaste sollicitude de cette admirable mère!

combien de jeunes vierges n'ont dû leur persévérance dans la piété et la vertu qu'au secours qu'elles ont trouvé dans ces pieuses et bienfaisantes associations! Pourquoi toutes les mères ne portent-elles pas leurs filles à entrer dans les rangs de ces jeunes amies de la sainte Mère de Dieu, qui aime, aussi elle, si tendrement les jeunes cœurs ouverts à sa chaste influence et les protège, les garde si amoureusement? Qui ne voit que si les tendres plantes de nos jardins ont besoin d'appuis et de tuteurs, ces autres fleurs, plus précieuses, mais non moins fragiles, ont aussi besoin de secours pour protéger leur faiblesse! Oh! mères, oh! jeunes et chères enfants, ne rejetez pas les doux moyens qui vous sont offerts d'éviter les dangers du monde et de conserver l'innocence à laquelle vous ne pouvez attacher trop de prix, les unes pour vous-mêmes, les autres pour celles que vous avez reçu la mission de garder.

Ici, la congrégation, autrefois florissante, s'était un peu relâchée, mais surtout, avait sensiblement diminué de nombre; notre chère Maria et ses ferventes compagnes, trouvant là un moyen d'apostolat, résolurent de s'associer à cette œuvre, de s'y vouer tout entières et de concourir ainsi à l'honneur de la sainte Vierge et à l'édification de la jeunesse. « Le

« bon Maître et sa douce Mère, qui aiment la bonne « volonté, a dit humblement l'une d'elles, béniront « si bien cette entreprise qu'au lieu de trois, il y eut « neuf jeunes filles de reçues dans la congrégation « de la sainte Vierge. » C'était le produit de l'intervention des trois amies entrées résolument dans la voie de la pratique des œuvres.

Cette année-là avait lieu la visite épiscopale de la paroisse par Mgr Fruchaud, d'heureuse mémoire. Après avoir donné la Confirmation, le dimanche 23 mars, le bon prélat consentit à revenir le mardi 25, jour de la fête de l'Annonciation de la sainte Vierge. Il voulut bien, ce jour-là, bénir le Chemin de Croix monumental que possède la paroisse, et présider la cérémonie de réception de nos jeunes congréganistes. Ce fut une solennité inaccoutumée à laquelle toute la paroisse voulut prendre part, ainsi que nombre de fidèles venus des paroisses voisines.

Le prélat interrogea ces neuf jeunes filles ; il leur demanda si elles voulaient bien résolument être reçues dans la congrégation pour se consacrer au service de Jésus-Christ sous la protection de sa glorieuse Mère ; si elles promettaient de travailler à entretenir dans cette congrégation la ferveur par leur dévotion, la paix par leur charité, et l'édification par leurs bons exemples ; pour combien de temps, enfin, elles voulaient se consacrer ainsi au service de Jésus et de Marie. Sur leurs réponses, ce fut le prélat lui-même qui les déclara enfants de Marie, et les revêtit des marques distinctives de la congrégation.

Tout cela avait été préparé par cet apostolat de trois jeunes filles ferventes et dévouées. Elles eurent, dans la suite, des fonctions à remplir : l'une devint maîtresse des *postulantes*, lesquelles formaient le noviciat de la pieuse association ; l'autre fut chargée de diriger le chant, fonction à laquelle elle était toute préparée par ses études ; la troisième, notre chère Maria, devint la secrétaire, et fut chargée, à cause de son caractère sympathique, facile et aimable, de travailler à amener les jeunes personnes de la paroisse à prendre part à cette œuvre, si heureusement instituée pour le bien des familles et de la jeunesse.

X

Chacune de ces jeunes personnes se mit à l'œuvre avec le zèle qu'on peut supposer. La maîtresse des postulantes réunissait souvent ses chères enfants, et leur parlait, dans le langage de sa ferveur, de Notre-Seigneur et de sa sainte Mère, les traitait avec une douceur charmante qui les attachait, s'efforçait de les former à la vie modeste et pieuse des enfants de Marie. Au bienfait de sa parole animée et vive, elle ajoutait encore de petits écrits ; c'étaient de petits papiers portant le saint à invoquer, le défaut à vaincre, ou la vertu à pratiquer pendant la quinzaine qui allait suivre, et tout cela était fait avec un tact et une aménité qui gagnaient le cœur de ces enfants, au point que, quand elle dut les quitter, il y eut des larmes abondantes de versées de la part de toutes :

une mère, en quelque sorte, venait de leur être enlevée.

A son tour, notre chère Maria répandait son amabilité de toutes parts, et portait principalement à dire que vraiment ces jeunes personnes étaient charmantes. On goûtait la douce modestie de ce groupe d'amies ; on remarquait cette intimité touchante qui faisait qu'on ne voyait guère l'une sans l'autre ; on se plut, pour cela, à les appeler la *trinité*.

Leur candeur était telle qu'on ne tarda pas à y ajouter ; on dit : *la trinité virginale ;* c'était l'expression du sentiment public, et c'était aussi celle du cœur de ces douces et ferventes jeunes filles, lesquelles faisaient bien croire, dès ce temps-là, qu'un époux invisible et divin possédait déjà leur cœur, à l'exclusion de tout autre. Qui dira leurs doux entretiens, les saints projets qu'elles formaient, leurs exhortations mutuelles et les pieux encouragements qu'elles se donnaient pour marcher dans une voie que le monde ne connaît guère, mais que la grâce de Dieu inspire à ceux qui ont le cœur pur, selon cette parole de l'Évangile : « Bienheureux ceux qui ont le cœur pur, « parce qu'ils verront Dieu. »

Sous l'inspiration de ces pieuses jeunes filles, tout prenait une nouvelle vie dans cette association dont elles étaient devenues les membres actifs et zélés ; le chant, les cérémonies, les œuvres pieuses : tout y gagnait. Maria était là, avec ses deux amies, apportant aux cérémonies de l'Église, et surtout aux fêtes de la sainte Vierge, l'ornement de leur distinction et plus encore celui de leur piété affective et dévouée.

« Sur ces entrefaites, a écrit la troisième amie de « ce gracieux groupe d'enfants choisies, une absence « prolongée priva notre chère Maria de son amie la « plus intime, ce dont elle dut beaucoup souffrir, « son cœur aimant ne pouvant guère se séparer de « l'appui si doux que Jésus lui avait donné. C'est « un si grand trésor qu'une amie fidèle! Que les « jours, que les heures durent lui paraître longs « alors! Plus ces causeries pieuses qui leur étaient « habituelles, plus ces lectures édifiantes et choisies « qui enchantaient leur ferveur, plus ces pratiques de « vertu en commun dont elles étaient fortifiées dans « une sainte émulation. Notre-Seigneur voulait sans « doute cette épreuve, sans laisser pourtant son « enfant sans consolation. Maria recevait des lettres « fréquentes et charmantes de son amie, que le séjour « de Paris ne distrayait pas de sa douce affection, « auxquelles elle répondait dans toute la candeur,

« si connue, de son âme. C'est là, surtout, que les
« cœurs se font connaître; il faudrait lire ces pages
« délicieuses pour comprendre jusqu'où peut aller
« l'amitié chrétienne, et le bonheur qu'y trouvent
« celles à qui Dieu fait ce don. »

Qu'il nous soit permis de transcrire ici une lettre qui fut adressée à notre chère Maria en semblable occasion.

VIVE JÉSUS !

« Ma bien chère Maria,

« Vous trouvez le temps bien long; moi aussi, je
« vous assure, car, en nul des lieux où je me pro-
« mène, mon âme ne peut trouver de repos. Elle
« voltige sans cesse, comme la colombe sortie de
« l'arche, sans poser nulle part. Pour vous, chères
« amies, que vous êtes heureuses de pouvoir con-
« verser ensemble! Oh! prier, que c'est bon! J'ai
« soif de prière, et ici, continuellement à courir,
« je ne puis que dire, en regardant le ciel : Oh!
« mon Jésus, vous savez bien que je vous aime
« plus que tout ce qui m'entoure! Priez, chère amie,
« ma bonne Maria, vous le pouvez, vous, avec
« votre vie calme et pieuse. Pour moi, quel con-
« traste depuis quelques jours! me trouver au milieu
« de ce vaste Paris! toutes ces maisons, ces monu-

« ments ne me font pas plus d'effet que des mon-
« ceaux de pierres. Les églises et *Jésus-Eucharistie,*
« voilà où il m'est doux de m'arrêter tout entière.
« Les tabernacles de Paris sont le trésor inépuisable
« vers lequel mon âme aspire et tout mon être.
« Tout le reste ne me vaut pas un regard vers le
« petit tabernacle de notre chère église de paroisse.

« Adieu, chères amies, mon cœur est tout à
« vous. »

Que dire de cette soif ardente de la prière, du tabernacle et de la sainte Eucharistie, si ce n'est que c'est Dieu qui fait ces choses, et que nous n'avons qu'à reconnaître et à admirer ses œuvres !

Mille fois heureuse, notre chère Maria, d'avoir eu de telles amies, de les avoir méritées, de les avoir gardées ! Celles-ci le sentaient à leur tour, et l'une d'elles écrivait : « Oh ! mon divin Sauveur, soyez
« mille et mille fois béni de cette union si douce,
« si aimable que vous-même aviez formée, dont
« vous étiez le centre et le lien indissoluble, et qui,
« par cela même, durera éternellement, si vous dai-
« gnez m'accorder la fidélité à vos grâces infinies et
« la persévérance dans votre saint amour. »

XI

C'est dans cette même année 1873, qu'eut lieu le pèlerinage du diocèse de Tours à Paray-le-Monial. Déjà notre aimable trinité virginale était préparée à ce pieux voyage ; on avait lu la vie et les œuvres de saint François de Sales ; sa chère Visitation était connue, désirée peut-être, plus qu'on n'osait le dire. L'annonce du pèlerinage fut pour nos jeunes amies une délicieuse nouvelle. Avec quelle joie elles en firent les préparatifs et s'efforcèrent d'y entraîner avec elles le plus de pèlerins possible : nous eûmes le bonheur d'être du nombre.

Il est vrai, tout intéressait dans ce pieux projet ; nous y serions le jour même, 29 juin, où cinquante députés devaient venir offrir de leurs mains une riche bannière à ce sanctuaire du Sacré-Cœur de Jésus et lui consacrer la France ; nous allions visiter ces lieux bénis où Notre-Seigneur a bien voulu apparaître à une humble religieuse de ce monastère rendu par là à jamais célèbre ; là qu'il a daigné faire connaître toutes les richesses et les miséricordes de son Cœur, et le digne prélat du diocèse allait nous présider lui-même.

Pour nos chères jeunes filles, un attrait bien supérieur les y attirait ; c'était uniquement le Cœur de Jésus qu'elles cherchaient, et, nous le croyons bien, leur vocation qu'elles allaient étudier sur des lieux qu'elles aimaient de prédilection. Nous ne perdrons jamais le souvenir de la part qu'elles prirent, l'aimable Maria surtout, sous nos yeux à la procession générale de cette mémorable journée. Elles parurent là, portant des cœurs dorés posés sur des coussins recouverts de voiles blancs tombant jusqu'à terre. Nous n'en doutons pas, leur attitude si profondément recueillie, la vive impression peinte sur leur visage attirèrent plus d'une fois l'attention des pieux fidèles. Nos chères enfants nous parurent là comme les anges de la paroisse députés pour rendre honneur au Cœur Sacré de Jésus. Malgré l'or de nos présents, les plus précieux de ces cœurs offerts furent assurément ceux de nos chères jeunes filles, si pures, si innocentes et si pieuses.

De ces cœurs dorés, offerts au sanctuaire de la Visitation, il en fut rapporté un, celui qu'on voit attaché au tabernacle de notre église, pour conserver à jamais la mémoire de ce pèlerinage qui nous laissa à tous tant de consolation.

Nous empruntons encore à la plume qui nous a déjà fourni des extraits : « Qu'il nous suffise de dire « que nos cœurs se sont donnés, là, au Cœur de « Jésus, et resteront les siens pour toujours. Que de « grâces puisées auprès de cet autel ! Oh ! jamais le « souvenir de ce doux pèlerinage ne s'effacera de « notre mémoire ! N'étions-nous pas venues cher- « cher à Paray le feu de l'amour divin ? Nous l'em- « portions dans nos cœurs, mon Dieu, nous l'espé- « rons, pour ne jamais le perdre. »

Pour nous, nous pouvons dire que le visage de ces chères enfants paraissait tout enflammé de ce chaste amour du divin Maître ; qu'on ne pouvait qu'avec peine les arracher de ces lieux, et que, si Notre-Seigneur n'était point apparu visiblement à ces cœurs, comme à la Bienheureuse Marguerite-Marie, il s'était communiqué à eux d'une manière invisible, mais réelle. Voyez qu'elle était, à leur retour, le passe-temps de ces délicieuses enfants, si puissamment touchées de la grâce !

« Notre bonheur, dit une d'elles, était de nous « réunir toutes les trois pour causer de Jésus et « nous exciter à avancer dans son saint amour. Que « d'heures délicieuses passées, tout en travaillant, « en ces entretiens ! L'avenir, le plus souvent, nous « occupait; la grande question de la vocation était « le sujet le plus ordinaire de nos entretiens. Ayant « les mêmes goûts, les mêmes attraits, les mêmes « affections, comment nos cœurs auraient-il pu ne « pas se confondre en un seul ! »

Il n'est pas difficile de le croire, dès ce temps-là, toutes les trois avaient tourné leurs pensées vers le cloître, mais, il est vrai, avec des nuances marquées. L'une d'elles brûlait, se consumait d'ardeur, souffrait beaucoup de ne pouvoir voler à sa chère Visitation, unique objet de ses désirs. La seconde, non moins désireuse, sentant plus de difficultés autour d'elle, moins avancée en âge aussi, ne pouvait en parler comme d'une chose prochaine et remettait son sort entre les mains du temps et de Dieu. Au milieu de ces ardeurs, Maria gardait son calme et son aimable placidité, se contentant de dire : « Le bon Maître « sait bien ce qu'il me faut; il sait aussi que je suis « à Lui, toute à Lui, rien qu'à Lui; à Lui aussi de « décider de mon avenir. » La parfaite soumission à la volonté de Dieu, qui a particulièrement distingué cette enfant jusqu'à la fin de sa vie, se montrait en elle, là, comme en toute occasion.

Le monde ne connaissait pas les desseins de ces charmantes jeunes filles, et elles étaient, par leur position dans le monde, de celles qui ne sont pas oubliées; mais comment prononcer le mot devant des personnes d'une telle chasteté? il le fut pourtant, et plusieurs fois, pour chacune d'elles. Les parents sollicitaient, les amis louaient, exaltaient les propositions qui étaient faites, les partis osaient espérer et espérer encore; mais l'alliance était faite, l'Époux était trouvé et choisi : c'était Celui autour duquel se rangent dans les cieux la troupe brillante et heureuse des vierges chrétiennes.

Nous allons les voir lui consacrer leur virginité.

XII

LA VIRGINITÉ

Sancta et immaculata virginitas,
quibus te laudibus efferam ? nescio [1].

Chez les païens, la virginité volontaire était inconnue, et leurs vestales ne restaient vierges que par l'obligation de leur état. Elle était un déshonneur dans le langage populaire, chez les Hébreux eux-mêmes. La nature n'invite point par elle-même à ce bel état, et, dans le monde chrétien, il ne manque pas de mères qui redoutent de voir leurs filles rester vierges. Mais on peut employer ici le mot connu de Massillon : « L'Évangile parle autrement que le monde. »

C'est à lui, c'est à Notre-Seigneur que l'on doit cette belle floraison de vierges qui fait le splendide

[1] Sainte et immaculée virginité, quels termes emploierai-je pour vous louer ? je ne sais.

honneur de l'Église. Le Sauveur était resté vierge, il était né d'une vierge, il avait aimé de prédilection son disciple vierge ; après lui, il vint des vierges en nombre. Il y eut des vierges pauvres, il y en eut dans la famille des Césars ; il y eut des vierges martyres et parmi les martyres, des vierges d'un âge tendre : la douce Agnès n'avait que treize ans ; des vierges savantes : sainte Catherine l'emportait sur les savants de la savante Alexandrie ; il y eut des vierges martyres par milliers à la fois, témoin sainte Ursule et ses onze mille vierges : ajoutez à ce nombre toutes celles que l'Église, dans les siècles passés et du nôtre, a formées dans son sein.

Les vierges, dit la sainte Écriture, suivront l'Agneau partout où il ira ; quel spectacle présentera donc, à l'avènement du Sauveur, la foule brillante des vierges qui se rangera à sa suite.

Notre-Seigneur n'a point commandé la virginité, mais son « Bienheureux les cœurs purs parce qu'ils verront Dieu, » produit son effet. Saint Paul ne l'a pas rendue obligatoire, mais son, « Ceux qui restent vierges ont le goût des choses de Dieu, » a gagné des milliers de cœurs. L'Église a le vin qui fait germer les vierges, *vinum germinans virgines*.

Que ne pouvons-nous rappeler ce que disait des

vierges l'éloquent évêque martyr de Carthage, saint Cyprien : « Les vierges sont la fleur de l'Église, « l'honneur de la grâce, l'image la plus parfaite de « la divinité, la portion la plus chère et la plus « brillante du troupeau du Christ. »

Quelles sont belles les paroles du doux évêque de Milan, saint Ambroise, dans son livre des vierges ! « Faut-il s'étonner, dit-il, qu'elle cherche au ciel le « modèle de sa vie, celle qui a cherché et trouvé son « Époux au ciel. »

Notre saint Martin n'était-il pas délicieusement virginal, quand il comparait la virginité à une prairie émaillée de fleurs !

Nos trois jeunes amies, appelées par le public lui-même la trinité virginale, et qui se plaisaient à ce nom, étaient pleines de ces belles pensées, et ne pouvant encore gagner le cloître, elles se réfugiaient dans ce bel asile de la virginité. Une lettre de la chère Maria nous fait connaître le secret de ce petit groupe d'enfants bénies de Dieu.

« C'est cette année privilégiée, écrit l'humble et « douce enfant, que nous avons eu le bonheur de « consacrer à Dieu notre virginité. Ma première et « plus intime amie le fit le 2 février ; la seconde, le « 25 mars, et moi, toujours faible, le 23 décembre.

« Le 8 de ce mois, fête de la Vierge immaculée, « cette bonne Mère me montra d'une manière très-« claire que le bon Dieu m'appelait véritablement à « lui, et je lui promis, ce jour-là, de le choisir déci-« dément pour Époux. Mes chères amies renouve-« lèrent en même temps leur vœu, et toutes les « trois nous nous engagions à n'avoir d'autre Époux « que Jésus. Je vous fais toutes ces confidences, dit-« elle à la personne à laquelle elle écrit, pour que « vous suppliiez le divin Maître de nous détacher de « plus en plus des choses de la terre, pour que nous « ne vivions plus que de son amour. »

Cet amour de la virginité, ces pieuses filles l'entretenaient en elles par mille industries charmantes : en voici une entre autres. En 1870, une chapelle, autrefois lieu d'un pèlerinage fréquenté, puis détruite à la révolution, avait été rebâtie et restituée à sa destination primitive, sous son ancien vocable de *Notre-Dame-des-Anges*. Notre-Dame et les anges, les anges et Notre-Dame, tout cela devait aller au cœur de jeunes personnes amoureuses de ressembler à des anges. Elles s'affectionnèrent d'une manière spéciale à ce petit sanctuaire, éloigné de la ville de moins d'un kilomètre. Leurs récréations les plus habituelles étaient de s'y rendre et d'y prier, de s'y consacrer de nouveau à Marie, de se mettre sous sa tutelle, de solliciter son secours pour les intentions angéliques qu'elles portaient en elles.

La chère Maria, dont le nom la donnait particulièrement pour fille à Marie, devait avoir un attrait spécial pour ce joli et frais sanctuaire. Il s'y passa, un jour, un fait qui peint bien la candeur virginale de ces jeunes filles. On sait que le lis est regardé comme l'emblème et le symbole de la virginité; les chères enfants eurent la pensée de planter trois lis au chevet de la petite et gracieuse chapelle. C'était, dans leur intention, mettre leur vœu de virginité sous la protection de Jésus, immolé sur cet autel, et sous celle de sa sainte Mère. Comment pourrions-nous exprimer l'intérêt qu'avaient ces chastes enfants à aller voir, de temps en temps, de laquelle le lis montrerait le premier sa belle fleur, de laquelle le lis serait en retard. — Dites si vous avez connu quelque chose de plus gracieux. Un lis de moins eut fait rougir, bien sûr, celle qu'il eut représentée.

L'une des trois amies nous peint Maria priant dans ce sanctuaire. « Je crois la voir encore, dit-« elle, cette chère petite amie, agenouillée dans « cette petite chapelle de Notre-Dame-des-Anges, « que nous aimions tant, priant Marie avec une con-

« fiance enfantine. Elle écrivit, pour en garder la « mémoire, la prière qu'elle adressa à la sainte « Vierge, ce jour-là, et sa mère a dû la trouver « dans ses papiers. » Belle peinture, il faut en convenir, d'une enfant en prière. — Mon Dieu, donnez-nous de vous prier ainsi, de vous aimer ainsi, de nous confier ainsi à votre bonté infinie !

XIII.

L'un des derniers archevêques de Tours, dans ses visites pastorales, demandait à voir la chambre qu'occupait le curé dont il venait de visiter la paroisse ; et comme on lui demandait à quelle intention il en agissait ainsi : « Ah ! dit-il , c'est qu'à la chambre on connaît l'homme. » Cette chambre, il l'appelait un petit sanctuaire.

Allons visiter le petit sanctuaire de nos chères vierges : tout va nous paraître vierge comme elles.

J'y ai quelque fois pénétré, une fois dans chacune, en présence de celle qui l'habitait, une ou deux fois de plus dans celle de la douce Maria, à l'heure de ses derniers moments.

Tout y respirait la piété dont leur cœur était plein: il eut été impossible à qui que ce fût d'y pénétrer sans en être frappé. Celle de la chère Marie, comme celles des deux autres, ressemblait plus à un petit sanctuaire, selon l'expression du bon archevêque, qu'à une chambre de repos. Il y avait là, avec une grande simplicité très-aimable, un ordre exquis, portant bien à penser que l'ordre le plus parfait était aussi dans leurs cœurs. De saintes images bien choisies se montraient à première vue, et des sentences rappelaient les pensées qui leur étaient le plus habituelles. C'était : *Jésus* et *Marie;* c'était : *Aimer, prier, se mortifier ;* c'était : *La vie présente n'est rien, c'est l'éternité qui est tout.* Le crucifix, le Sacré-Cœur de Jésus, l'image bien-aimée de la sainte Vierge; un prie-Dieu, remplacé souvent par le carreau de la chambre, à l'heure de la prière et de la méditation ; une table portant les pieux objets de dévotion ; une étagère où se réunissaient les livres de piété et la correspondance avec les ferventes amies, formaient le mobilier de la petite chambre. On voyait que la vertu angélique habitait là, que la prière y était abondante, et, quoique toute trace en fut soigneusement écartée, tout portait à croire que, là aussi, la mortification et la pénitence pouvaient bien aller jusqu'à l'austérité.

Pourquoi faire souffrir une chair si tendre et si pure, disait une personne du monde ? mais ces ferventes amies trouvaient là le détachement de leurs sens, une force merveilleuse pour les bons combats, l'entier assainissement de leur cœur, l'élévation de leur esprit vers les vérités éternelles, un ferme attachement à Jésus dont elles se disaient les épouses, et se croyaient par là suffisamment, abondamment même, payées des sacrifices qu'elles s'imposaient.

Dans ces petites chambres on se levait à une heure matinale et toujours la même ; on y faisait l'oraison, l'examen particulier, les lectures spirituelles, jamais d'autres, et plus d'une invention d'une piété fervente. On y tenait, jour par jour, un bulletin très-exact des pieux devoirs qu'on s'était imposés et de sa fidélité à les remplir. Pour être plus sûres de ne rien négliger, ces jeunes amies se soumettaient mutuellement ces bulletins, à la fin de chaque mois, où dans une retraite mensuelle, on se reprochait beaucoup, et l'on prenait la résolution d'avoir plus d'amour encore pour le bien et beaucoup moins pour soi-même. On le voit, il y avait là plus de soins pour la conscience que pour le corps, et moins d'attention à la toilette qu'à l'élévation de son cœur vers Dieu.

C'est là, dans ces petites chambres qu'avaient lieu ces adorations nocturnes qu'on appelle *l'Heure sainte.* De onze heures à minuit, on quittait son repos, et pendant une heure, on se tenait en prière, en saints entretiens avec le Cœur de Jésus, en expansions d'amour que suggérait la ferveur et que la mortification accroissait encore.

Elles aimaient leur petite chambre, leur petit sanctuaire, ces ferventes jeunes filles ; nous en trouvons le témoignage dans la lettre de l'une d'elles écrite à la candide Maria.

« Si j'étais à Ligueil aujourd'hui, lui dit-elle, « nous serions ensemble, à cette heure-ci, dans « ma petite chambre, près du petit autel de notre « Mère du ciel, où tant de fois nous avons prié et « parlé avec tant de bonheur. D'autres jours ont « succédé à ceux qui nous réunissaient là si souvent. « Oh ! ne regrettons pas un passé qui nous a fait tant « de bien. »

Et puis la lettre continue encore :

« Le jour où nous sommes me rappelle ce jour « de 1873, qui fut le commencement de ces grâces « de choix qui découlèrent sur ma pauvre âme avec « tant d'abondance, et notre petite visite du soir « à Notre-Dame-des-Anges ; avec quel bonheur, « chère Maria, nous nous y donnâmes à Jésus sans « réserve ! »

Vous semble-t-il vraiment que la piété soit triste, et que ces chères enfants eussent été plus heureuses au milieu du monde, des plaisirs du monde, des soirées du monde que dans leurs entretiens pieux, leurs confidences si charmantes, pendant les heures passées dans ces chambres modestes qu'elles appelaient et qui étaient leur petit sanctuaire !

Ces chambres sont vides, aujourd'hui, mais qu'on y prierait volontiers ! elles sont vides des anges qui les habitaient, mais d'autres anges, les anges de la prière et de l'innocence, semblent y vivre et y avoir fait leur demeure.

Nous avons voulu les revoir et nous venons de les visiter. Elles sont restées vierges de tout contact, depuis le départ des vierges qui les ont quittées, et semblent un oratoire réservé et respecté dans la maison. Le petit sanctuaire est toujours un sanctuaire.

XIV

LES BONNES ŒUVRES

A fructibus eorum cognoscetis eos. Omnis arbor bona, fructus bonos facit[1].

Mat. VII. 16-17.

Le pape saint Grégoire le Grand enseigne que, toute belle action qu'elle soit, la chasteté ne suffit pas sans les bonnes œuvres, de même que les bonnes œuvres ne peuvent plaire à Dieu, si elles sont séparés de la chasteté.

Nos trois vierges avaient-elles lu ce passage des œuvres du saint pape, ou plutôt Dieu, qui les comblait de grâces, ne leur avait-il pas inspiré le sentiment de la charité en même temps que celui de la pureté virginale? Par le fait, elles se montraient pleines de zèle pour les œuvres de cha-

[1] Vous les reconnaîtrez à leurs fruits. Tout bon arbre produit des bons fruits.

rité et de bienfaisance. L'élévation constante de leur esprit vers Dieu était loin de les empêcher d'être sensibles aux besoins des autres.

Par elles on pouvait voir qu'en aimant Dieu davantage, on apprend à aimer aussi le prochain d'un amour plus généreux : vous allez voir à l'œuvre notre *trinité virginale*. En guise de récréation, elles allaient visiter les pauvres et les malades, leur portant, avec les secours corporels dont elles pouvaient disposer, ceux du cœur et de l'âme, en les accompagnant de cette charmante aménité qui donne tant de prix à la bienfaisance. Nous nous rappelons plusieurs faits qui témoignent des heureuses impressions que ces aimables et pieuses personnes laissaient après elles.

Une pauvre femme de la campagne était retenue sur le lit où elle termina sa vie quelques semaines plus tard, et comme nous étions allé lui porter les secours de la religion, « Ah ! nous dit-elle, « j'aimerais bien revoir une jeune demoiselle, que « je ne connais point, mais qui est venue me voir et « m'a dit de si belles choses ! C'est comme un ange « qui m'apparaît quand je la vois auprès de moi. » Cette aimable consolatrice, cet ange au langage délicieux, cette amie d'une mourante que sa présence seule consolait, c'était une de ces trois amies qui savaient si bien unir à l'amour de Dieu la tendre charité pour le prochain.

Une autre malade, jeune celle-là, et ne faisant guère qu'atteindre ses vingt ans, allait mourir d'une maladie de poitrine. L'une de nos chères jeunes filles s'était attachée à cette mourante, et avait pris la charge de la préparer à bien mourir. Ses visites étaient fréquentes auprès d'elle, et, là encore, c'était l'ange de la consolation : amitiés, tendresses, doux baisers, assiduité, tout était prodigué. Elle parlait à la malade de la vie présente qui n'est rien, du ciel et de ses ineffables jouissances, du sort réservé aux vierges, de l'éternité qui ne finit pas, de la sainte Vierge et des anges gardiens qui y conduisent les amis de Dieu.

Faire un voyage de quelques jours, perdre de vue sa chère malade, eut été trop pour elle. Oh ! si la malade était venue à mourir pendant l'absence, elle eut eu de trop vifs regrets et se le serait reproché amèrement. Dans l'estime que cette jeune personne avait pour la virginité, elle se persuadait que Dieu accorderait sa guérison à la malade, si elle en faisait le vœu, et elle venait souvent lui conseiller d'y vouer le reste de sa vie.

La jeune malade finit par succomber, mais l'ange consolateur ne crut pas sa mission finie ; il lui restait une mère à consoler. Ses visites furent continuées et là encore, elle fit entendre plus d'une fois les douces paroles dont elle avait déjà fait un si touchant usage. Elle pouvait consoler et fortifier les affligés cette même pieuse enfant qui savait écrire à une personne souffrante un mot comme celui-ci : « Souffrir passe, avoir souffert chrétiennement ne « passe pas. »

L'une d'entre ces trois amies est appelée auprès d'un bon vieillard arrivé aux limites de l'âge et près de quitter la vie. Au départ, elle s'était bien promis de ramener, par ses prières et ses sollicitations, le malade à ses devoirs religieux, mais le succès ne répondait pas à son zèle. Elle souffrait de ce retard, priait, sollicitait, appelait à son secours les compagnes dont elle s'était éloignée. Une expression vient ici traduire son zèle : « Je veux, avec la grâce « de Dieu, y réussir, dit-elle, quand je devrais en « dessécher. » Dieu enfin couronna ses efforts, et le bon vieillard reçut, avant de mourir, tous les sacrements de l'Église.

Écrivant à son intime amie, Maria, cette chère garde-malade lui dit : « Je me mets quelquefois à la

« place de mon malade, et je me dis : il me semble « que je serais heureuse, oui, heureuse et bien-« heureuse. S'envoler vers Jésus, quel bonheur ! oh, « ma chère Maria, n'ayez plus peur de la mort, il « fait bon de s'en aller vers Jésus ! »

Ses deux amies n'avaient pas été sans la consoler et l'encourager dans son œuvre de garde-malade ; l'une d'elles lui écrivait : « Courage, bien chère « amie, confiance entière ! espérons toujours. Notre-« Seigneur nous a dit : Tout ce que vous demanderez « en mon nom vous sera accordé, et que peut-on « demander de plus utile, sinon la lumière et la grâce « du repentir pour un pécheur mourant. »

La charité la plus dévouée ne s'unirait-elle pas à la foi forte et animée dans le cœur de ces chères enfants ? Nous en avons d'autres traits.

XV

Par ce qui précède, on a vu la hauteur de vues qu'il y avait dans ces jeunes personnes, auxquelles l'habitude de la méditation donnait une élévation toute particulière de l'esprit, et comment elles savaient joindre aux œuvres de charité les pensées les plus hautes de la foi ; ce que nous allons en voir va le constater de nouveau.

Une autre fois, cette excellente et zélée garde-malade est appelée auprès d'un parent qui va mourir. Elle a là deux devoirs à remplir : préparer le malade à bien mourir, puis soutenir et consoler la pauvre veuve dans la position déplorable où elle va se trouver, après la perte d'un mari si cher et si nécessaire aux entreprises de la maison. Elle assiste aux derniers moments du malade, et écrit à ses amies une lettre que nous citerons, et qui montre à quelles pensées sérieuses étaient habituées ces jeunes amies dont deux n'avaient pas encore vingt ans.

Vive Jésus !

« Mes chères amies,

« Que puis-je vous dire aujourd'hui, si ce n'est « que la vie est triste et remplie d'angoisses. Oh! « que de salutaires réflexions je puis faire ici! La « pensée de la mort m'est toujours présente ; sans « cesse je me représente mon pauvre oncle expirant ; « je le vois dans le travail de l'agonie ; je me rends, « le plus souvent que je peux, dans cette chambre, « et là, auprès de son lit, je regarde, j'écoute, je « refléchis. Il me semble le voir encore rendre son « dernier soupir. Ah! quel moment! je voudrais « vous en dire davantage ; mais, non, je suis déjà « allée trop loin, et, si je ne connaissais votre foi, « votre résignation, je ne vous aurais point remis « devant les yeux une si triste scène, qui va en rap- « peler à quelques-unes d'entre vous d'aussi terri- « bles. Laissons donc de côté tout ce qui peut être « terrestre et humain, et parlons un peu de ce qui « ne passe point. Que nous sommes heureuses, mes « chères amies, de n'avoir point placé nos affections « ici-bas! notre bonheur, à nous, ne disparaîtra

« jamais ; personne ne saurait nous enlever notre « trésor, notre amour. Oh ! quelles actions de « grâces n'avons-nous pas à rendre à Dieu, si bon « pour nous, qui nous a donné ce qui est éternel ! « ne soyons pas ingrates ; sachons rendre amour « pour amour, vie pour vie. »

« Pourquoi donc ne pas se détacher de plus en « plus de la terre ? Pourquoi ne pas dire un éternel « adieu à tout ce qu'il faudra quitter un jour ? Oh ! « mon Dieu, mon Dieu ! écoutez ma prière ; de « grâce, répondez au désir de mon cœur. Vous « savez bien que je veux être et que je suis à vous, « tout à vous, rien qu'à vous ; vous le savez bien ! « Oh ! mon âme ! il faut que Jésus seul fasse ta joie, « à toi ; Celui-là, on ne pourra jamais te l'enlever. »

Avec de telles pensées, on conçoit que ces jeunes amies, non seulement n'avaient pas de répugnance à visiter les malades, malgré la délicatesse de leur âge, mais que les préparer à mourir était pour elles une jouissance et une satisfaction de leur cœur. Assurer une mort chrétienne et pénitente à quelqu'un, c'était pour elles lui ouvrir, en quelque sorte, la porte du ciel. Ici se présente à nous le souvenir de ces vierges et dames romaines qui, au temps des persécutions, suivaient les martyrs au lieu du supplice pour les encourager et les fortifier contre les tourments, puis recueillaient pieusement leurs restes pour leur rendre les derniers honneurs.

La sensible Maria, que les souvenirs du passé rendaient si impressionnable, était bien obligée, dans quelques circonstances, de se tenir à l'écart; mais elle s'unissait de cœur à ses amies, participait à toutes leurs intentions, et, autant qu'elle le pouvait, joignait ses mains aux leurs dans toutes les œuvres de charité. Elle les accompagnait, gaie et heureuse, quand elles allaient, parfois, à la campagne porter quelques consolations, là où il en était besoin; dans ces occasions, elle eût été la première à partir, mettant en pratique la résolution que nous lui avons vu prendre, à seize ans, d'aimer les pauvres et d'être la consolatrice des affligés.

Maria avait sa place toujours occupée à l'atelier de charité ou es dames de la paroisse se rendaient, outes les semaines, et travaillaient aux vêtements des pauvres; elle y était un délassement et une récréation par son joyeux caractère, ses gais propos et ses saillies pleines de candeur qui avaient, comme nous l'avons vu, tant fait remarquer son innocence.

Nous l'avouons ici, dans notre sollicitude de pasteur nous fondions sur ces jeunes personnes une grande espérance pour l'avenir, et, plus d'une fois, nous nous sommes surpris à désirer que leur vocation à la vie religieuse, que nous ne pouvions nous empêcher d'entrevoir déjà, fut moins solide et moins manifeste. Quel trésor de charité il y aurait dans des cœurs purs et inspirés comme ceux là ! et quel secours pour la pratique du bien de la part de mains si dévouées ! L'amour de notre chère paroisse allait jusqu'à nous aveugler à ce point.

Mais Dieu voulait avoir à lui seul ces cœurs qu'il avait tout spécialement formés par sa divine grâce. Nous le bénissons, du moins, d'avoir bien voulu, dans sa paternelle bonté, nous faire voir et connaître ce que cette puissante grâce peut produire dans des cœurs fidèles et soumis à son admirable direction.

XVI

Nos chères enfants de Marie ne se contentaient pas de travailler, tous les jours davantage, à leur sanctification, elles tendaient encore à répandre autour d'elles le feu sacré qui les animait; elles le montrèrent en une nouvelle entreprise. La dévotion au Sacré-Cœur de Jésus était prêchée de toutes parts, et le pèlerinage de Paray-le-Monial avait fortement tourné leur cœur de ce côté-là : elles eurent la pensée de l'établir dans la paroisse. Prévenances, empressements, sollicitations, elles employèrent tout auprès de nous pour l'obtenir.

Nous hésitions bien un peu à importer une dévotion nouvelle, même en l'honneur de Notre-Seigneur, dans une paroisse où il y avait déjà plusieurs œuvres de ce genre. Mais, d'après elles, le Sacré-Cœur de Jésus ne pouvait manquer d'être sensible et reconnaissant à ce que l'on ferait à son honneur; les grâces les plus signalées étaient assurées aux personnes et aux paroisses qui professeraient ce culte si touchant; elles s'engageaient à trouver des associées, et déjà des personnes manifestaient en cela leurs désirs.

Nous consentîmes enfin à nous joindre à elles. Quelle joie fut alors la leur! Ces chères enfants semblaient avoir trouvé un très-précieux trésor. Elles étaient d'ailleurs si sympathiques à notre population que bientôt les noms leur abondèrent. C'est bien à ces ferventes jeunes filles que nous devons l'établissement et le succès de cette association de *la garde d'honneur du Sacré-Cœur de Jésus* qui compte dans la paroisse un si grand nombre d'associés.

La première réunion eut lieu le 5 décembre 1874; Monseigneur Colet, archevêque de Tours, par une ordonnance, en date du 8 mars 1875, l'érigea canoniquement dans la paroisse, et, dès cette époque, l'association comptait trois cents membres. Le 4 juin 1875, eut lieu la première fête solennelle de la pieuse et sainte confrérie; plus de cent personnes prirent part à la procession aux flambeaux qui se fit le soir. On pense bien que cette touchante cérémonie combla de joie le cœur de ces chères enfants qui l'avaient si vivement désirée. Ce jour-là, l'une d'elles écrivait :

« Merci, oh, bon Jésus! merci de faveurs si peu « méritées! Nous voici, tous, gardes d'honneur du « Sacré-Cœur, nous voici à vos pieds, prêts à « obéir à toutes vos volontés, prêts à vous sacrifier « tout et nous-mêmes, pour vous consoler des dou- « leurs infinies que vous font éprouver nos frères « infidèles et pécheurs. Qu'il vous plaise, ô Jésus! « d'appeler bientôt le monde entier au tendre amour « de votre Cœur sacré! »

Puis, dans le pieux enthousiasme que cette fête avait causé à tous, la jeune fille ajoutait : « Oh! « mon Dieu, qu'elles sont belles, qu'elles sont im- « posantes et au-dessus de toute expression les céré- « monies et les pieuses fêtes du culte catholique! « que pouvons-nous en dire, sinon qu'elles nous « semblent un essai des fêtes éternelles, une intro- « duction aux fêtes de la patrie, un petit coin du « paradis tombé sur la terre... Pourrait-il en être « autrement, quand le même Dieu qui fait la joie « des saints veut bien habiter parmi nous! Que peut- « il rester à désirer? rien, sinon de voir tomber, « quand il plaira à Notre-Seigneur, les voiles qui « dérobent à nos regards mortels la beauté ineffable

« de son visage et le brûlant amour qui consume, « jour et nuit, pour nous son adorable et divin « Cœur. »

Tous les associés à la Garde d'honneur n'avaient pas, sans doute, des sentiments aussi élevés, mais combien ils étaient vifs et ardents dans les cœurs de ces trois jeunes amies du Cœur de Jésus ! La vive et alerte Maria était là dans son élément ; elle chantait ardemment les beaux cantiques en usage dans ces fêtes, aux réunions du premier vendredi du mois, qui, jusqu'ici, ont été si fidèlement suivies ; elle en faisait, dès la veille, avec un entrain charmant, tous les préparatifs, et, nous n'en doutons pas, l'établissement de cette touchante dévotion, les fêtes et cérémonies qui s'en suivirent furent l'une des jouissances les plus vivement senties de la chère enfant que nous n'avons plus.

Ardentes pour ce pieux établissement, les trois amies l'étaient aussi pour tout ce qui était pieux et saint ; elles avaient là toujours la première part. Il y eut dans cette même année plusieurs pèlerinages : pèlerinage à Notre-Dame-de-Beautertre, dans notre voisinage, où trois cents personnes de la paroisse assistèrent ; pèlerinage à Notre-Dame de Lourdes, où vingt personnes accompagnèrent une bannière portée par nous à ce célèbre sanctuaire ; pèlerinage à Saint-Martin de Tours, où nous fîmes l'offrande d'une riche bannière restée sur le saint tombeau. Dans toutes ces occasions la chère Maria était ravissante de joie. Pour elle et pour ses amies, c'étaient autant d'entreprises destinées à obtenir de Dieu la réalisation du désir ardent qui était dans leur cœur. N'étaient-elles pas partout, d'ailleurs, où il y avait à prier, à louer, à glorifier celui qu'elles appelaient l'éternel Époux de leur âme !

Nous citerons ici quelques lignes de l'une d'elles témoignant de l'ardent empressement qu'elles y apportaient.

« Quelques mois plus tard, une grande joie se « préparait : Nous allions partir pour Lourdes. Oh ! « qui dira les douces et pures impressions que nous « ressentions ! C'était, dès le départ, un frémisse- « ment de bonheur, une sorte d'enivrement déli- « cieux impossible à décrire. Comment ne pas tres- « saillir d'allégresse, en se voyant choisies pour « aller visiter l'Immaculée - Conception ! Oh ! « Lourdes ; combien notre chère Maria dût être fer- « vente devant la grotte bénie ! avec quelle tendre « et amoureuse simplicité son âme innocente dut « s'épancher dans le Cœur de Marie ! »

La même main nous peint les impressions de ces pieuses amies dans ces pays si nouveaux pour elles.

« Le spectacle grandiose et imposant des mon-
« tagnes, les beautés riantes des prairies, les neiges
« éclatantes sur les cimes des Pyrénées que le soleil
« levant faisait resplendir, quels sujets d'admiration,
« d'élévation vers ce grand Maître à qui tout obéit !
« Nos âmes savouraient avec délices la contempla-
« tion des merveilles de la nature, réunies dans ces
« intéressantes régions. »

Tel était l'esprit que ces jeunes filles mettaient à leurs pieuses entreprises : l'enthousiasme du bonheur et les ravissements de la foi. Bienheureuses enfants à qui Dieu, dans sa bonté, prodiguait tant de grâces et qui y répondaient en se donnant à lui tout entières !

XVII

Dans ce petit groupe d'âmes dévouées circulaient, on a pu le voir, les pensées, les résolutions, les ardeurs les plus généreuses. On y pratiquait, comme nous l'avons dit, *l'heure sainte* consistant à se lever la nuit et à passer une heure en oraison, en union avec le Cœur de Jésus; on y faisait le vœu héroïque, s'oubliant soi-même, et faisant tourner tous les mérites qu'on pouvait acquérir devant Dieu, au profit du salut des âmes, de la conversion des pécheurs et de la délivrance des âmes du purgatoire. On y parlait des missions étrangères, où prêtres et religieuses, dont on enviait le bonheur, quittant leur patrie, vont consacrer leur vie à l'expansion de l'Évangile. On s'y entretenait du martyre d'un ton qui faisait croire qu'on eût été heureuse, si on en eût été trouvée digne de le souffrir pour la foi et l'amour de Notre-Seigneur. Le tableau de l'église de la paroisse, représentant trois sœurs expirant pour la foi dans les flammes, a dû plus d'une fois faire vibrer le cœur de ces enfants si ardemment généreuses.

Mais non, on préférait le cloître, non pour suivre ses goûts, mais pour s'y immoler tous les jours de la vie, et y être constamment à l'état de victime. Occupée dans le monde à la pratique des bonnes œuvres, on y eut eu encore des consolations. Par impossible, il arrivait, quelquefois, qu'on eût voulu être prêtre pour s'y livrer à l'œuvre du salut des âmes. On prenait des résolutions qu'on écrivait ou qu'on signait avec son sang, pour les rendre plus irrévocables.

Si dans la douce Maria il y avait moins de cet élan vers les actions héroïques, on y trouvait une disposition d'âme qui n'était pas moins touchante, et que ses amies reconnaissaient en elle : c'était la belle innocence. Celles-ci croyaient bien que leur si aimable compagne avait conservé toute celle de son baptême. Sans doute on eut pu le dire des trois; mais cette disposition était plus marquée dans Maria, en laquelle la candeur, la simplicité, la naïveté, toujours conservées et toujours persistantes, étaient à un tel point que cette âme virginale semblait à tous vraiment immaculée. Quelle enfant innocente! disaient ceux qui la voyaient, même pour la première fois.

Quel devait être dans ces âmes leur amour pour le Saint Sacrement! leurs lettres vont nous le faire voir : l'une d'elles écrivait en voyage.

« A huit heures et demie, une messe a sonné, je « m'y suis rendue. Quel nombre d'assistants! « M. le curé, un enfant de chœur et moi, voilà tout: « trois pour adorer un Dieu descendu des splen- « deurs du ciel et venu sur un pauvre autel où, « le plus souvent, le prêtre seul pense à la présence « divine, et tous les jours la même chose. Comme « il ferait bon d'être ferventes pour dédommager un « peu Notre-Seigneur de tant d'oublis! »

Obligé d'aller passer une saison à Vichy, nous avions chargé, avant de quitter la paroisse, deux de ces ferventes amies de nous remplacer auprès du saint Tabernacle, et nous les en avions nommées les gardiennes, la troisième, la chère Maria, s'étant rendue, par raison de santé, aux eaux du Mont-Dore. Voici le compte qu'elles nous rendirent de leur sainte fonction.

« Depuis votre départ, ma tâche de gardienne du « saint Tabernacle s'est bien doublée; mais le

« divin Prisonnier, auprès duquel vous m'avez « laissée, est si beau, si aimable, si tendre pour moi « que je ne me lasse point de sa divine et si pré- « cieuse compagnie. Presque partout je le sens me « regarder du fond de sa prison d'amour, et son ad- « mirable coup d'œil me ravit délicieusement. Ah! « qu'il est bon de n'aimer que Dieu seul, et de s'at- « tacher inviolablement au service plein de charmes « de Jésus-Hostie! Oh! remerciez toujours davantage « l'amour infini qui a daigné m'appeler à le suivre. »

Séparée de ses amies elle ajoute :

« Tous ceux qui me sont chers à tant de titres, « vous me les faites voir et retrouver, oh, mon « Dieu! chaque jour, dans votre adorable Cœur « où nous demeurons toutes, et où nous nous « dilatons à l'aise pendant notre heure de garde. »

Une autre vient ajouter :

« Avant votre départ, vous m'avez établie gar- « dienne du saint Tabernacle; vous ne pouviez me « faire plus grand plaisir. Souvent, en esprit, je vais « visiter le divin Captif; le soir je m'endors sur les « marches de l'autel, et le lendemain matin, je me « retrouve aux pieds de mon Bien-Aimé : avec quel « plaisir je vais assister au saint Sacrifice, et avec « quelle ineffable consolation je m'approche de la

« Table sainte, pour recevoir dans mon âme Celui « qui fait toutes mes délices ! »

L'une d'elles s'était chargée de prendre soin de la lampe du sanctuaire, et comme on lui demandait à quelle intention elle le faisait : « C'est, dit-elle, pour « obtenir de Notre-Seigneur l'huile de son saint « amour. »

A côté de cela deux pratiques éminemment spirituelles venaient s'ajouter : *les sacrifices* et *l'union constante à Dieu*.

Les *sacrifices*, c'étaient les goûts, les désirs, les instincts de la nature, leur volonté avant tout qu'elles prenaient à tâche de gêner, de contrarier, de mortifier pour en faire un holocauste à Dieu, confiantes en cette parole du psaume : « Seigneur, vous ne « mépriserez pas le sacrifice d'un cœur contrit et « humilié. » Elles avaient été formées, à Sainte-Ursule, à cette pratique dans les petites choses; elles voulaient maintenant l'appliquer à de plus grandes, et tous les jours, presque à tous les instants, un pas, un regard, une parole, la moindre petite satisfaction devenait l'objet de ces sacrifices qu'elles multipliaient comme leurs prières.

Pour s'encourager dans cette voie, elles se rendaient compte mutuellement de ce travail de correction sur elles-mêmes; elles voulaient briser en elles la nature, et arriver à ce qu'il n'y eut plus que la vie de la foi. Elles se donnaient, parfois, un nombre de sacrifices à faire, afin de s'activer davantage. On leur a demandé de prier pour la conversion d'un mourant, elles prient et y ajoutent une neuvaine de sacrifices : il y en aura tous les jours de la neuvaine.

Pourquoi ces contraintes, pourquoi ces sacrifices? Ah! c'est que la parole de Notre-Seigneur est toujours là : « Le royaume des cieux s'acquiert par la « violence, et ce ne sont que les forts ou violents « qui l'obtiennent. »

L'union à Dieu. Avoir constamment Dieu présent à l'esprit, se tenir assidument en sa sainte présence, le voir, par la foi, aussi réellement que les objets sensibles exposés sous nos yeux, que les personnes avec lesquelles on vit et on converse; faire toutes ses actions en vue de Dieu; voir Dieu en tout et toujours : c'est à quoi s'appliquaient ces cœurs, en quelque sorte, poursuivis par la grâce.

Mon Dieu, je remercie votre grande bonté de nous avoir donné ces chères enfants, même pour le peu d'années qu'elles ont passées parmi nous. Elles ont montré ce que c'est que de vous connaître, vous aimer et se donner à vous en entier.

XVIII

LA VOCATION

Veni in terram quam monstrabo tibi. [1]
Gen. XII, 1.

Le saint Évangile nous enseignant qu'il ne tombe pas un cheveu de notre tête sans la permission de Dieu, il est manifeste que, d'après les décrets de la divine Providence, chacun de nous a une voie à suivre ici-bas : c'est ce qu'on appelle *la vocation*. Dieu donne aussi des aptitudes spéciales propres à la voie qu'il nous a tracée, et c'est à chacun de les étudier soigneusement pour se tenir dans l'ordre marqué par la Providence.

Nos ferventes jeunes filles en étaient convaincues, et depuis quelque temps, elles étaient tout occupées

[1] Venez dans le lieu que je vous montrerai.

de cette étude. Déjà vouées à la virginité, elles sentaient en elles un appel à la vie religieuse. C'était l'objet fréquent de leurs entretiens; les désirs se faisaient sentir, ils allaient devenir irrésistibles. Mais les difficultés étaient graves et nombreuses; la pensée leur vint d'entrer dans le *tiers-ordre de saint François d'Assise*. Les ordres religieux, sous l'inspiration de Dieu, ont considéré que si, pour diverses raisons, des personnes ne peuvent se vouer à la vie pleinement religieuse, il y a moyen de leur en procurer une partie des avantages : de là les tiers-ordres de saint François, de saint Dominique et autres.

Nos jeunes filles résolurent donc de prendre ce moyen de s'attacher davantage encore à Dieu. Il y eut un moment d'hésitation pourtant; elles demandaient si leur entrée dans le tiers-ordre leur empêcherait d'aspirer à une vie plus entièrement religieuse. Sur la réponse qu'elles désiraient, elles abritèrent leur virginité sous le cordon et l'habit du patriarche séraphique.

Toutes les trois donc, en un jour qui nous revient très-gracieux à la mémoire, dans leur chapelle de prédilection, Notre-Dame-des-Anges, elles se firent recevoir *tertiaires*. Le prêtre qui les bénit et reçut leurs engagements, leur dit que désormais elles devraient donner l'exemple de la plus grande exactitude aux devoirs de la religion. Oh ! ces chers cœurs avaient bien d'autres vues; c'était d'esprit, de cœur et de corps qu'elles étaient insatiables de se consacrer à Dieu.

Pour nous, pasteur de ces jeunes filles, inspiré, croyons-nous, par la prudence qui ne doit pas être oubliée dans ces occasions, nous arrêtions l'élan trop prompt de ces cœurs, et les soumettions à quelques épreuves que demandait leur position : en effet, ces trois jeunes personnes étaient filles uniques et, après leur départ, il ne resterait aucune consolation à leurs familles. Elles sentaient bien nos motifs, et l'une d'elles se chargea de solliciter notre adhésion à leurs désirs.

« Vous savez, nous écrivait-elle, les difficultés « qui s'opposent à nos desseins; Dieu veut nous « éprouver avant de nous réunir pour ne plus nous « séparer : adorons ses desseins et disons en tout : « *fiat !* »

« Oh ! permettez-moi de vous le dire, il vous a « coûté ce *fiat*, quand Dieu vous a demandé le pre- « mier lis de la trinité virginale; quand Jésus vous « demandera le second, vous le prononcerez avec « peine; mais le troisième) il s'agissait de la douce

« Maria), oh ! pour celui-là, excusez l'expression, il « faudra vous l'arracher. Mais Jésus est si bon, il « prévoit tout et arrange toutes choses. »

« Voyez-vous, cher pasteur, ces trois petites bre- « bis de votre bercail, le bon Jésus les a marquées « au front; il les veut; et contre sa volonté que « pouvons-nous faire ? rien que nous incliner et lui « dire : Eh bien, mon Jésus, vous les aurez ! vous « nous les demandez : les voici ! »

« Oui, ces deux âmes si pures, si candides, elles « ont, elles aussi, vous le savez, entendu l'appel « divin, comme leur sœur aînée; elles aspirent à « une vie meilleure et plus parfaite, et, comme elle, « il est probable qu'il leur faudra, tôt ou tard, mal- « gré les sentiments les plus légitimes du cœur, et à « l'opposé des lois de la nature, briser tous les liens « les plus doux, les plus forts, pour s'élancer à la « suite du divin Crucifié, notre Époux ! Celui qui « nous appelle est tout-puissant, il s'impose aux « âmes qu'il s'est choisies, et, quand on lui obéit « sans discussion, il prend soin de tout. »

C'était là un plaidoyer en faveur de ses amies, car pour elle, la question de la vocation était décidée ; l'ardente amie du Sacré-Cœur de Jésus, l'intime compagne de Maria, était sur le point de voir son dessein s'accomplir : il y avait eu même, comme nous le verrons, un commencement, quelque peu tragique, d'exécution.

La Visitation était l'ordre vers lequel tendaient ces cœurs voués déjà à la virginité. La lecture des œuvres de saint François de Sales, les souvenirs du pèlerinage de Paray-le-Monial, la touchante dévotion au Sacré-Cœur aimée et suivie dans ces monastères ; tout cela portait ces chères enfants vers la Visitation. La nature faisait bien entendre ses cris, comme on va le voir, mais on s'était tellement habitué aux sacrifices dans ce groupe fort et généreux, que celui-ci coûtait moins. L'extrait qu'on va lire montre, en même temps, la sensibilité et la ferme résolution de ces âmes courageuses et déterminées.

« Le cœur des pauvres filles souffre, je vous en « réponds, cher pasteur, et, malgré l'attrait qui « nous emporte, le sacrifice est grand. Seulement, « quand il se trouble, ce pauvre cœur, Jésus est là : « Ma fille, mon enfant, dit-il, ne crains rien, je suis « auprès de ceux que tu abandonnes pour moi, et, « tu le sais, je ferai pour eux plus que toi. — Je « suis loin de n'entrevoir que des roses dans cette « voie que je dois suivre ; je sais que la vie reli- « gieuse est une vie d'immolation, et que la seule

« et vraie joie qu'on y rencontre est celle du sacri-
« fice. Mais aussi, se sacrifier, quel bonheur! Priez
« pour moi, cher pasteur, afin que ma vie ne soit
« plus qu'un acte d'amour. »

La grande douleur des parents, des mères surtout, leur apparaissait bien dans tout son jour, et elles étaient loin et bien loin d'avoir l'insensibilité qu'on reproche à celles qui quittent le monde pour le cloître.

« Priez aussi pour ma chère mère, disait-elle.
« Oh! elle est admirable; mais, vous le comprenez,
« quel sacrifice! Il en coûte à son cœur d'immoler
« comme Abraham, sa fille unique, son bonheur et
« sa vie. Mais aussi quelle consolation de pouvoir
« se dire : J'ai donné une épouse à Jésus-Christ, et,
« avec cet Époux divin, j'en suis sûre, ma fille sera
« heureuse ; tout en se consumant d'amour pour le
« bien-aimé de son âme, elle pensera à moi, elle
« priera pour moi et m'aimera toujours; et dans
« l'éternité, avec quel bonheur je la verrai parmi les
« vierges, à la suite de l'Agneau sans tache! »

Pendant que ces vocations se développaient, mûrissaient et approchaient du terme désiré, la douce Maria commençait à souffrir; déjà les atteintes d'un mal irrémédiable se faisaient sentir. Hélas! nous n'eûmes ni à arrêter, ni même à retarder l'entrée en communauté qu'elle désirait comme ses amies ; Dieu avait d'autres dons à faire à cette enfant toujours pure et candide ; elle devait avoir sa place, la première, dans les rangs des vierges du ciel.

XIX

Notre chère trinité virginale était toute à ses désirs de sanctification, à ses efforts sans cesse renouvelés pour son avancement, et aussi à ses pieuses jouissances, aux consolations que chacune de celles qui la composaient trouvait dans ses rapports intimes avec ses compagnes, lorsqu'un événement vint troubler profondément l'heureuse paix dont elles jouissaient, et causer à la douce Maria, surtout, la peine la plus sensible.

L'une de ses amies avait eu pour directeur, au pensionnat de Sainte-Ursule, M. l'abbé d'Outremont, devenu évêque d'Agen, puis transféré au Mans, et ayant appris son passage à Tours, elle avait voulu avoir de lui un dernier mot sur sa vocation. Elle s'était donc proposé de profiter de cette occasion et de se rendre à Tours auprès de sa Grandeur. Faire connaître son projet, c'eut été le rendre impossible à réaliser : elle partit donc, un matin, par la voiture publique, à l'heure où elle avait coutume de se rendre à l'église pour assister à la messe, laissant, sur la table de sa chambre, un mot pour prévenir sa mère et l'assurer qu'elle serait de retour le soir même, ou, tout au plus tard, le lendemain.

La crainte ne calcule pas; la mère, connaissant les intentions de sa fille, se persuada que son départ allait être définitif, et mit subitement l'alarme dans la maison. Faire atteler la voiture, partir et voler à la poursuite de sa fille fut l'affaire d'un instant pour le père, ignorant jusque-là les desseins de sa chère enfant, et dont la révélation venait de le jeter dans une véritable épouvante. La mère, elle-même, avait voulu, a tout prix, rejoindre sa fille. Ils atteignirent la voiture qui l'emmenait, à quelques lieues de là, et la ramenèrent en lui exprimant toute leur peine, facile à comprendre de la part de parents à qui il ne restait pas d'autre enfant. Quelques heures avaient suffi à cette course rapide, mais le cheval avait été conduit à marche tellement forcée que, le soir même, la pauvre bête cessait de vivre.

Le public fut fort ému de cet événement, et les regrets les plus vifs se manifestèrent à la connaissance des desseins de la chère enfant. On parlait de la perte que faisaient les bonnes œuvres de la paroisse, particulièrement les jeunes filles dont elle s'occupait. Toutes ses chères petites postulantes allèrent, le dimanche suivant, les larmes aux yeux, la solliciter de rester au milieu d'elles, lui promettant d'être fidèles à suivre ses conseils.

La chère Maria eut dû trembler à la pensée de perdre celle qu'elle affectionnait si tendrement, mais il y avait dans ces jeunes amies des sentiments bien supérieurs à ceux de la nature ; elles se réjouissaient plutôt de voir leur amie aller à sa vocation. La divine Providence voulut bien nous laisser cette enfant pour quelque temps encore.

Mécontents de ce qui venait d'arriver, les parents défendirent à leur fille de continuer à voir ses compagnes, et ce que l'on appelait la trinité virginale fut rompu ; la chère Maria eut à en souffrir principalement, comme l'exprime sa seconde amie : « Nous « avions, sans doute, chacune à souffrir, dit-elle; « mais le cœur aimant de Maria fut presque accablé « sous le coup de cette dure épreuve : se voir réduite « à ne plus approcher de son intime amie, se sentir « surveillée, soupçonnée, elle, la droiture même. « Oh ! Dieu, c'était pour Maria un martyre. »

Ce ne fut qu'au bout d'environ trois mois qu'il lui fut permis de revoir celle à laquelle elle s'était liée si intimement. Nous avons sous les yeux des lettres écrites pendant le temps de la séparation; elles portent encore la trace des larmes dont elles furent trempées de part en part, il faut le croire. « Priez, dit « la pauvre prisonnière, priez pour votre pauvre « amie. Oh ! que le temps me semble long ! Il y aura « demain quinze jours que nous sommes séparées et « il me semble qu'il y a trois mois. Où sont-ils ces « jours de bonheur où, toutes les trois, nous priions, « nous jouissions ensemble ! On ne comprend la « joie d'une telle union que quand on l'a perdue. »

Le *fiat* était bien répété de part et d'autre, mais on sent qu'il était mêlé à bien des larmes. De leur côté, les deux amies souffraient étrangement de la séparation, la bonne Maria avant tout; elles essayaient furtivement de faire parvenir à la pauvre prisonnière quelques mots de consolation, mais ni les unes ni les autres ne se permettaient d'enfreindre la défense faite par la mère. Nous les avons vues porter cette délicatesse à un haut point. Ces enfants affligées se rencontraient quelquefois à la petite chapelle de Notre-Dame-des-Anges, quand le saint sacrifice y était célébré ; un regard, un signe de tête était toute la conversation, et l'on suivait le même chemin, à quelques pas de distance, sans échanger un mot, l'obéissance le voulant ainsi. On s'affligeait de voir, ainsi séparées, ces jeunes personnes qu'on avait vues si liées et si intimes : c'était dans le cœur de Jésus qu'elles se retrouvaient comme dans un asile bien-aimé.

La première des amies à qui il fut permis de se rapprocher fut la douce Maria. « Oh ! qu'il y eut « alors d'épanchements, de douces et douloureuses « confidences, tout à la fois, a dit sa seconde amie. « L'épreuve avait resserré, sans doute, le lien déjà « si fort d'une ancienne amitié. »

La douleur de la pauvre recluse était principalement d'en causer à sa mère ; nous trouvons dans l'une de ses lettres : « Il est neuf heures, je suis « seule dans ma chambre ; j'entends ma pauvre « mère pleurer ; ses larmes me percent le cœur... « O ma mère, ma chère mère, vous que j'aime plus « que tout au monde, vous faire tant souffrir ! Oh ! « faire souffrir ma mère que j'aime tant ! Oh ! triste « vie ; quand donc serons-nous là-haut, là-haut où « il n'y aura plus de pleurs, là-haut où nous serons « réunies pour ne jamais nous séparer ! »

Ces lettres ou plutôt ces mots entrecoupés de larmes amères, adressés à la sensible Maria lui perçaient le cœur profondément.

XX

L'ÉPREUVE

Virtus in infirmitate perficitur. [1]
(Cor. II. 12. 9.)

Est-ce la peine que ressentit la sensible Maria de sa séparation prolongée d'avec son amie, qui développa le mal qui était en elle ? Par le fait sa faiblesse s'accroissait, prenait une aggravation nouvelle, et déjà on entrevoyait pour elle des jours malheureux. Vers le milieu de l'année 1874, les premiers symptômes d'une maladie de poitrine s'étaient fait apercevoir ; des crachements de sang avaient commencé à paraître : « Notre chère Maria, nous « dit une de ses amies, s'était sentie fortement im- « pressionée de ces accidents imprévus. De tristes

[1] La vertu grandit dans l'épreuve.

« pressentiments lui en étaient venus jusqu'à la « frayeur, comme elle nous l'avoua dans la suite ; « mais comme la chère enfant n'en ressentait « aucune douleur et que les crachements de sang « ne se reproduisaient plus, l'impression s'en était « assez promptement effacée. Son caractère enjoué, « les distractions extérieures et surtout l'affection « si dévouée de son amie intime avaient fait dispa- « raître ces sombres et affligeantes pensées. »

Mais des faits nouveaux s'étaient produits ; les douleurs se faisaient sentir ; les appréhensions commençaient autour d'elle : le médecin ordonna une saison aux eaux du Mont-Dore. Notre bonne Maria, toujours soumise à ce qui lui semblait être la volonté de Dieu, s'y décida, et d'autant plus facilement qu'elle allait être accompagnée de deux personnes dont l'amitié dévouée lui était acquise, et dont les relations ne pouvaient lui être que très agréables.

Quelques jours passés à Vichy, ce charmant rendez-vous des buveurs d'eau ; la vie d'hôtel, toujours un peu sensuelle et distrayante ; les accidents variés du voyage, et surtout l'éloignement des ferventes compagnes que nous connaissons, tout cela va-t-il faire impression sur le caractère expansif et enjoué de la chère enfant ? Non, sa piété était de celles qui ne s'effacent pas pour si peu. Ses lettres nous disent ce que le séjour du Mont-Dore faisait sur elle, et l'on y trouve que la ferveur la plus constante et les pensées d'une âme allant tout droit et persévéramment à Dieu. La petite vierge de Jésus ne perdra rien au milieu de ce monde : c'est un lis qui y gardera toute sa fraîcheur. Elle écrit à ses amies tout le long de la route, en quelque sorte, de Bourges, de Vichy, de Clermont, dès sa première arrivée au Mont-Dore, et leur confie aimablement toutes ses pieuses appréhensions ; elle craint, elle s'effraye, elle se plaint, elle invoque du secours : écoutons-là :

« Que va devenir ma pauvre âme, dit-elle, je ne « m'occupe que de mon corps. Oh ! mon Dieu, si « je vous aimais, je ne serais pas si longtemps sans « penser à vous. Mes bien chères amies, priez pour « moi, préservez-moi, conservez-moi, je vous en « supplie, par vos excellentes prières. » Ses pensées s'élèvent au spectacle qu'elle a sous les yeux. « Que « les montagnes et que toute cette belle nature font « de bien ! On y voit, on y admire la puissance et « la bonté de Dieu ! »

Durant son séjour de trois semaines au Mont-Dore, la douce Maria écrivait, tous les deux jours, à sa mère, à ses amies tour à tour ; son âme s'épanchait alors avec facilité et bonheur. Quelle simplicité dans toutes ces lignes, dans chaque mot partant d'un cœur plein d'abandon ! « Je suis ici par obéissance, « disait-elle, vous le savez bien, mon doux Jésus ; « acceptez donc cela pour suppléer à ce qui me « manque et à tout ce que je ne puis faire. » Cette vertu d'obéissance lui était chère, et nous apprenons qu'elle aimait à répéter ces mots du Père de Ravignan : « Donnez-moi une âme pleine de défauts, de misères, une âme très-imparfaite ; si elle est obéissante, cela suffit, je réponds de cette âme et de son salut. » Et cette autre : « Accordez-moi, ô ! Jésus, de faire aujourd'hui ce qui me coûte le plus et ce que vous aimez le mieux. » Ce qui fait voir facilement où sa piété et son cœur en étaient parvenus.

On lit ailleurs dans ses lettres ces douces lignes : « Mon divin Jésus, je suis à vous tout entière, je « m'abandonne à votre adorable conduite ; faites de « moi tout ce qu'il vous plaira, pourvu que je vous « aime encore et toujours de plus en plus ! »

Par toutes ces inspirations et ces grâces le bon Maître préparait sa petite fiancée aux jours d'épreuve et de souffrance qui allaient terminer son temps d'exil sur la terre, et cette douce vertu de la chère enfant, selon les paroles de la sainte Écriture, deviendra forte et grandira à mesure que la nature, elle, s'affaiblira et approchera de sa ruine. Elles sont belles les âmes qui savent ainsi profiter des misères de la vie et se préparer à s'envoler vers les demeures éternelles.

———

XXI

Éloignée de ses amies, la pieuse Maria était soutenue d'ailleurs par les lettres qu'elle en recevait : celles-ci vivaient, en quelque sorte, avec elle et continuaient leurs entretiens. Oh ! *notre trinité virginale*, vous allez la voir et la connaître de plus en plus. Maria vient de passer sous vos yeux, voici maintenant sa plus ancienne amie. Je vous en préviens, vous aller la trouver sévère pour une chère malade. Ces ferventes âmes ne trouvaient rien de difficile à leur zèle.

Avant le départ de Maria, celle-ci, autorisée par l'ascendant que lui donnait une longue amitié, lui avait donné des conseils et prescrit en quelque sorte une règle de vie ; elle la lui rappelle et y ajoute :

« Si vous pouvez prendre votre bain à quatre « heures du matin, ce sera infiniment mieux. Vous

« pourrez ensuite assister à la messe pendant laquelle « vous ferez une méditation dans l'Imitation de Jésus-« Christ, et prendrez une bonne résolution pour « votre journée qui pourra être celle-ci : « Aujour-« d'hui je dirai bien souvent au bon Dieu que je l'aime, « que je ne désire que cela. Dans le cours de la « journée, faites bien votre heure de garde au Sacré « Cœur de Jésus, une lecture dans l'Imitation, un « chapelet, un bon examen de conscience, votre « chère prière du soir, et comme on pense toujours « à ceux que l'on aime, pensez souvent et toujours « au bon Maître. » N'est-ce pas là une maîtresse des novices en herbe ?

Ces pieuses filles s'étaient donné deux rendez-vous par jour, et c'était au Cœur de Jésus. Cela ne paraît plus suffisant à l'ardente amie de Maria ; elle lui écrit : « Les jours sont longs, à la fin de juillet, il « faut faire, il faut donner davantage. Eh bien donc, « dit-elle, le matin, à cinq heures, rendez-vous dans « ma chambre ; ne connaissant pas la vôtre, je ne « pourrais faire de même ; à neuf heures, soyons « dans le cœur de Jésus au ciel ; à onze heures, ac-« compagnons Notre-Seigneur au jardin des Oli-« viers ; allons ensemble, à quatre heures et à huit, « au pied du saint autel ; enfin retrouvons-nous

« encore dans ma chambre, à dix heures, pour dire « notre bonsoir dans le Cœur de Jésus. »

C'était là, il faut en convenir, un passe-temps assez bien employé, pour une malade dans une ville d'eaux.

La troisième partie de cette trinité virginale va se présenter à vous. La chère Maria lui a fait connaître les ennuis qui résultent pour elle du transport, en chaise-à-porteurs, à l'établissement des bains, des bains eux-mêmes et des dépouillements qu'ils nécessitent, de la salle d'aspiration et des promenades obligatoires, en marquant ses regrets de n'être plus à elle-même, plus à ses exercices de piété, plus à Jésus, dit-elle, comme elle voudrait l'être.

Sur le ton un peu badin de saint François de Sales à sa Philothée, son amie lui répond :

« Vous allez à la salle d'aspiration pour votre « santé et au bain un peu plus tard ; vous vous pro- « menez beaucoup ; bref, me dites-vous, vous flanez « toute la journée. C'est bien pour la chère santé, « qu'il faut bien soigner, Dieu le veut ! mais pour le « spirituel, hâtez-vous d'aller, tous les matins, « prendre, pour la santé de votre âme, une bonne « demi-heure d'aspiration devant le tabernacle le « plus proche de vous ; respirez bien à l'aise devant

« cette petite porte dorée qui dérobe à vos yeux « notre Bien-Aimé. Dilatez-vous avec bonheur, et « respirez avidement et délicieusement le saint « amour, la douceur et l'humilité du Cœur de Jésus. « Oh ! que vous serez bien reçue par Celui qui vous « a tant aimée, et que vous vous trouverez bien de « cette douce aspiration ! »

L'intelligente amie continue à prescrire son traitement.

« Quant au bain spirituel, quittez, pour cet exer- « cice, tous les vêtements embarrassants de l'ennui, « de l'impatience ou de l'amour-propre, s'il en reste « encore un petit brin de caché. Où pourriez-vous « le prendre mieux que dans le sang du bon Maître ? « Plongez-vous donc, en même temps que vous en- « trez dans le bain, dans ce sang précieux et ado- « rable. Ne nagez point, restez bien au fond de ce « bain salutaire, afin que votre chère âme se revête, « se dore, se pénètre du sang de son divin Époux. »

Ce n'est pas assez, elle ajoute pour que le traitement soit au complet :

« Maintenant, quand vous êtes en promenade, « tournez-vous, quelquefois, vers le clocher, et puis « recueillez avec délices le regard que Jésus plonge « sur vous du fond du saint tabernacle, sa prison

« d'amour. Oh ! qu'il fait bon de se sentir regardée « par le doux regard du Dieu de l'Eucharistie ! »

Ces pieuses vierges avaient coutume de tirer entre elles des saints patrons de la semaine ; en l'absence de Maria, la sainte pratique continue, et l'amie en donne avis à la chère malade retenue sur le Mont-Dore. C'est saint Pierre qui lui est échu ; elle aura à dire, et à répéter souvent : « Seigneur, vous savez que je vous aime. »

Rentrée auprès de sa mère et de ses amies, après sa saison au Mont-Dore, où elle avait trouvé un soulagement marqué, Maria avait repris, avec ses exercices de piété accoutumés, son caractère enjoué, sa gaieté charmante et ses manières tout aimables. Le mal qui la menaçait semblait avoir disparu en entier. On allait cesser de craindre la perte de cette gracieuse enfant. En même temps, les rapports anciens entre les trois amies avaient repris, et la trinité virginale allait se reformer, lorsque vint se produire un événement qui ne fut pas sans causer une grande émotion au cœur aimant de Maria, pendant que les crachements de sang reparaissaient avec des caractères plus inquiétants et des douleurs que la chère enfant n'avait point encore ressenties.

Deux épreuves à la fois allaient faire passer Maria

par le creuset qui épure, mais en faisant terriblement souffrir la nature. Va-t-elle avoir assez de force pour résister à ces terribles assauts ? Nous l'avons vue échapper à l'épreuve des voyages, des distractions et de la vie sensuelle, sera-t-elle aussi heureuse quand il s'agira de celle de la souffrance du cœur et des sens ? L'esprit divin l'a dit : La vertu grandit dans la souffrance. Mon Dieu ! pour qu'il en soit ainsi, multipliez pour elle vos bontés et vos grâces !

XXII

L'état de la chère Maria s'aggravait à tel point que, depuis quelque temps, elle ne quittait plus le lit; sa mère, ses amies ne pouvaient plus s'empêcher d'avoir les plus tristes pressentiments. Pour elle c'était toujours le calme et le silence le plus complet sur ses souffrances et sur son avenir, ou, s'il lui arrivait d'en laisser échapper quelques mots, c'était toujours en les accompagnant de la plus entière résignation et par ce *fiat*, « que la volonté de Dieu soit faite, » tant de fois répété par elle et ses amies.

Un changement marqué était arrivé dans la vie de cette chère enfant; elle ne pouvait plus vaquer à ses pieux exercices, plus être à l'église où on la voyait venir si assidument, plus jouir également de l'intimité charmante qui existait entre elle et ses compagnes; au milieu de cela, elle s'abandonnait à la conduite de la Providence, et s'occupait de sanctifier ses souffrances en les unissant au Cœur adorable de Jésus.

L'épreuve ne fut pas seulement corporelle, il en vint une autre qui s'attaqua à ce qu'il y avait de plus sensible, le cœur et l'affection ; une séparation douloureuse allait avoir lieu. On connaît assez déjà la vive amitié qui s'était formée entre elle et l'une de ses compagnes en particulier. L'attachement avait grandi avec le temps, et, de la part d'une si heureuse nature jointe aux bienfaits de la grâce, était devenu une de ces amitiés chrétiennes dont les âmes qui l'ont ressentie peuvent seules se faire une idée.

Déjà, en entrevoyant ce qui allait arriver, Maria avait écrit : « Dire que, dans quelques mois, il me « faudra quitter mon intime amie ! Oh ! quel sacri- « fice ! comme la vie changera pour moi ! Elle est la « moitié de mon âme ; elle a été pour moi, jusqu'à « ce jour, plus qu'une amie, plus qu'une sœur ; elle « s'est occupée de mon âme, comme une mère « s'occupe de son enfant. Je n'exagère rien, j'en « suis sûre ; elle serait prête à donner sa vie pour « moi, s'il le fallait. »

L'heure redoutée de la séparation arriva ; les parents de celle qui soupirait si ardemment pour la vie religieuse comprirent qu'ils ne pouvaient, plus longtemps, faire violence à ses desseins, et il fut convenu qu'elle les quitterait, le 7 décembre 1875. En toute occasion, le coup eût été dur pour le cœur si aimant de la chère Maria, mais les crachements de sang étaient devenus habituels et sa faiblesse allait en croissant. En cet état, quelle peine fut la sienne, quand il lui fallut recevoir les adieux de sa pieuse amie ! Elle s'efforça de dissimuler tout ce qu'elle en ressentait devant celle qu'elle allait quitter pour ne plus la revoir, mais on comprend combien l'épreuve fut dure.

Celle qui était l'objet de cette vive douleur a bien exprimé ce qui se passa alors dans Maria.

« Pour comprendre quelle fut alors toute sa dou-
« leur, dit-elle, il faudrait connaître le grand amour
« qu'elle avait voué à sa pauvre petite amie. Cette
« chère Maria, pour éviter de m'affliger, ne me
« montrait sa peine que le moins possible, et,
« lorsque je voulais la consoler, en lui disant que
« nous nous retrouverions un jour pour ne plus nous
« séparer, car je croyais qu'elle viendrait me re-
« joindre au monastère. Oh ! me disait-elle, je ne
« sais pas ce que je deviendrai, je n'y pense pas en
« ce moment ; je ne considère que la volonté de

« Dieu et votre bonheur. Pourvu que vous accom-
« plissiez la volonté de Dieu et que vous soyez
« heureuse, cela me suffit : c'est tout ce que je
« désire. »

Charmante amitié que celle qui, même quand elle en souffre, ne souhaite que la volonté de Dieu et le bonheur de ceux qu'elle aime !

L'épreuve était complète ; la dure séparation d'une amie si précieuse, la souffrance devenue menaçante, les pressentiments d'une fin douloureuse et des tristesses d'une mère qui allait rester seule, sans mari, sans enfant, tout venait fondre sur cette âme si délicate et si sensible. Mais la grâce avait fortifié le cœur de Maria, et elle se trouva n'avoir au milieu de tout cela que la plus parfaite soumission à la volonté de Dieu, démontrant la vérité de cette parole divine.

« La vertu grandit dans l'épreuve. »

Ce qui va suivre fera connaître de nouveau l'amie que Maria allait perdre, et penser au bien qu'elle en avait reçu aux jours heureux de sa jeunesse. La ferveur rend éloquent : on va le voir.

XXIII

ADIEUX

La pieuse amie de Maria avait été trop mêlée aux œuvres de la congrégation de la paroisse, et s'était trop aimablement occupée des jeunes postulantes pour ne pas faire ses adieux, avant de partir, à ces enfants et à ses bien-aimées compagnes. Trop modeste pour les réunir et les leur exprimer de vive voix, elle laissa une lettre qui les contenait, et que nous sommes heureux de pouvoir insérer ici. Nous ne pouvons oublier le jour où, chargé de la lire au milieu de la réunion des unes et des autres, nous fûmes entouré de gémissements et de larmes qu'il nous fut difficile de calmer.

Vive Jésus!

« Bien chères sœurs et amies,

« La nouvelle de mon départ ne va point vous « surprendre : je sais que vous vous y attendiez; « mais, peut-être, allez-vous être étonnées, vous sur- « tout, chères postulantes, auxquelles j'ai promis de « ne point vous quitter sans vous prévenir, de « n'avoir reçu de moi aucun souvenir, aucun adieu.

« Ah! laissez-moi vous le dire en toute sim- « plicité, je n'en ai pas eu le courage. Je pensais « prier M. le Curé de vouloir bien être l'interprète « de mes sentiments près de vous toutes : mon « affection exige davantage. C'est pourquoi, chères « amies, à l'heure douloureuse de la séparation, je « me sens pressée de vous adresser quelques paroles « intimes, de vous ouvrir un peu mon cœur qui « vous a toujours beaucoup aimées, de vous parler, « en un mot, comme à des sœurs; ne le sommes- « nous pas réellement, puisque nous avons la même « mère, Marie, la Reine du Ciel.

« Beaucoup, parmi vous, sans me blâmer, ne « comprendront pas suffisamment mon départ; ne « peut-on pas, diront-elles, se sauver au milieu du « monde? faut-il, pour aller au ciel, se cacher dans « un cloître, se renfermer derrière des grilles,

« comme dans une prison ? Oh ! chères amies, je « sais qu'il y a toujours eu, et qu'il y aura toujours « de saintes personnes dans toutes les positions, et, « sans chercher bien loin, considérez avec moi, « dans notre congrégation, nos sœurs aînées, lesquelles, après avoir renoncé à toutes les jouissances les plus légitimes, s'occupent, avec un si « grand soin, de l'ornement des autels et de toutes « les bonnes œuvres, se dévouent pour leurs parents « avec bonheur et amour ; la prière et la charité « sont leurs meilleures joies : leur vie est vraiment « admirable.

« Oui, je les ai comprises, j'ai même voulu les « imiter, et, laissez-moi vous le confier, je ne suis « entrée dans votre pieuse milice, chères congréganistes, je ne me suis occupée de vous, chères postulantes, que dans cette intention. J'aurais voulu, « pour la consolation de mes parents, me former, « ici, une vie régulière et parfaite, faire taire cette « voix intérieure, éteindre cet attrait puissant « pour la solitude. Mais, non, cela n'a pas été possible, et, après bien des difficultés, il a fallu se « soumettre aux décrets de Dieu, obéir sans plus de « discussion à l'appel divin.

« Oh ! ce n'est pas sans douleur que je quitte

« tous ceux qui me sont si chers, que je m'éloigne « de ces lieux qui m'ont vue naître, de cette église « où j'ai reçu les sacrements de Baptême, de Péni- « tence, d'Eucharistie et de Confirmation, et dans « laquelle j'ai passé de si heureux moments! quels « doux souvenirs m'attachent à cette sainte maison « de Dieu! je ne peux tous vous les énumérer, « chères amies; laissez-moi seulement vous expri- « mer toutes les joies que j'ai goûtées, sous la ban- « nière de notre bonne Mère, quand, aux jours de « ses fêtes, réunie à vous toutes, autour de son « autel, parée de ces vêtements blancs qui m'étaient « si précieux, je chantais ses louanges avec tant « d'ardeur et d'amour. Je le répète, ce n'est pas « sans de cruelles angoisses que l'on dit adieu à « tout ce qui vous attache si fortement, au moment « surtout de la séparation.

« Cependant, je ne dois pas vous le laisser « ignorer, à côté du sacrifice est la consolation, et « à côté de tous les brisements de mon cœur, je « suis heureuse de m'offrir à Dieu en union avec « Notre-Seigneur, et combien ne suis-je pas rede- « vable à Dieu pour cette grande grâce de la « vocation religieuse, pour ce choix privilégié du « divin Maître !

« Je ne sais ce qui m'est réservé ; si, pour cause « de santé ou par quelques desseins secrets de la « Providence, j'étais ramenée dans mon pays, ce « serait pour moi une consolation de reprendre la « place que je quitte aujourd'hui, et je pense que « vous voudriez bien me recevoir de nouveau. « S'il doit en être ainsi, je ne vous dis qu'au revoir.

« Si, au contraire, comme je l'espère, Dieu veut « bien me permettre de passer le reste de mes « jours dans cet asile sacré, vestibule du ciel, je ne « vous oublierai point ; je prierai pour celles que je « laisse dans l'arène, au milieu des dangers et des « combats. Souvent je reviendrai en esprit prendre « part à vos belles et touchantes cérémonies reli- « gieuses. En retour, chères amies, je vous « demande, aux jours de fête de Marie, une petite « prière pour votre sœur éloignée, et, aux réunions « du premier vendredi de chaque mois, un mot à « Jésus pour l'ancienne zélatrice de son Cœur « adorable.

« Je veux, mes bien chères amies, avant de ter- « miner, vous remercier de tout le bonheur que « vous m'avez fait éprouver dans votre aimable « société. Si je vous ai quelquefois contristées « par des avis ou paroles peu aimables, je vous prie

« de me les pardonner. Laissez-moi, mes bien « chères sœurs, vous serrer la main, vous em- « brasser toutes du plus profond de mon cœur.

« Adieu, chères congréganistes, adieu, bien « chères postulantes, adieu ! ou plutôt, au revoir ! « ici-bas ou là-haut, nous nous reverrons. Oui, un « jour, nous nous retrouverons aux pieds de notre « tendre Mère, réunies pour jamais. Là, il n'y aura « plus ni larmes, ni séparation, mais joie sans « mélange et bonheur sans fin — Je ne peux me « taire, il faut pourtant nous quitter : adieu, encore, « chères amies, adieu !

A cette lettre ne reconnaît-on pas l'esprit qui animait ces trois jeunes amies, qu'on appelait ici la trinité virginale, et, en particulier, celui qui avait porté la chère Maria à choisir pour confidente et pour amie celle à qui sont dues ces lignes ? Qu'elles sont belles les âmes qui, sous la grâce de Dieu, se sont formées ainsi !

Après le départ de sa fervente amie, Maria fut chargée de la direction des postulantes, elles lui étaient, en quelque sorte, léguées par celle qui venait de partir. Ayant repris une apparence de santé, elle se livra à ce soin, auquel son amabilité la rendait si propre, avec un entrain tout gracieux. Elle les réunissait dans cette petite chambre, ce petit sanctuaire modeste et embaumé de piété dont nous avons parlé, et s'efforçait de déverser dans leur cœur ce qui abondait dans le sien. Heureux troupeau celui qui possède une gardienne de ce genre!

Le commerce des petits papiers, dont faisait si adroitement usage celle qui l'avait précédée, recommença avec elle : c'étaient des recommandations pieuses, des avis doux et agréables, en même temps que salutaires, des vertus à pratiquer conformément à leur âge. Nous en avons eu sous la main qui nous portaient à désirer que cette charmante et précieuse semence produisît cent pour un dans le cœur de ces chères enfants ; mais la pierre, les épines ou autres obstacles venaient, parfois, y mettre obstacle, et les oiseaux du ciel, c'est-à-dire l'esprit et les conversations du monde en enlevaient une trop grande partie. Chères enfants, combien il est regrettable de vous voir quitter la voie dans laquelle il serait si beau de vous voir marcher, pour aller où Dieu n'est pas, non plus que les pures consolations dont votre jeune cœur aurait si grand besoin!

Cette pieuse occupation resta six mois environ à la chère Maria; puis il lui fallut la quitter; ses forces s'affaiblissaient visiblement et ses jours devenaient mauvais : il lui fallait un repos absolu ; on ne voyait que trop les signes avant-coureurs des jours que nous avons à décrire.

Des deux intimes amies, l'une était retirée au cloître et l'autre allait partir pour le ciel.

XXIV

LES DERNIERS MOIS DE MARIA

« Veni, electa mea, et ponam
« in te thronum meum. »

De cette réunion de trois jeunes personnes, si bien nommées, ici, la trinité virginale, il ne nous reste plus qu'une tombe et des lettres. L'une d'elles, nous l'avons vu, entra à la Visitation dans les derniers jours de 1875; l'autre vient, il y a quelques mois, en l'année 1878, de suivre, à son grand bonheur, le même chemin, en entrant dans une autre maison du même ordre; Maria nous est restée seule, mais dans la tombe, sur le bord de laquelle nous allons la suivre, en racontant ses dernières douleurs, et plus encore les derniers traits d'aimable édification qu'elle nous a laissés.

Jamais nous n'avions osé espérer que la chère

7

Maria aurait une longue vie ; sa délicatesse de tempérament et les précédents survenus dans sa famille, donnèrent de bonne heure à penser qu'on ne la conserverait pas longtemps, quoique sa gaieté habituelle éloignât la pensée d'une mort prématurée : où il y avait tant de vie, on ne pensait pas communément à voir la mort arriver.

La bonté de Dieu avait, nous l'avons vu, comblé cette enfant de grâces toutes particulières ; une éducation très chrétienne ; avait formé sa jeunesse, de précieuses amies lui avaient aidé à développer en elle les principes qu'elle avait reçus ; mais avant tout la Providence lui avait donné, dès sa naissance, les dispositions les plus heureuses, la portant tout naturellement au bien. L'une de ses amies nous énumère ces dispositions : « Pour faire connaître « notre chère Maria, dit-elle, il faudrait parler de la « charmante simplicité de cette enfant, de son égalité d'humeur dans les inégalités de la vie, de son « esprit d'ordre en tout ce qu'elle faisait, de la « perfection qu'elle apportait à toutes choses, de sa « bonté, de sa douceur, de son aimable gaieté qui « nous ravissait. »

Puis la divine bonté avait mûri et perfectionné cette charmante nature par l'épreuve. Enfin, le temps était arrivé, Dieu la voulait avec lui, et il allait placer parmi les anges celle dont la pureté virginale s'était approchée si près de la leur. Vers la fin de juin 1876, une hémorrhagie de poitrine se déclara en elle, et, dès lors, il ne fut plus possible d'entrevoir pour elle autre chose qu'une fin plus ou moins prochaine. Que ressentait en elle cette chère malade, on ne le saurait dire, puisque dans tout le cours de sa maladie, pendant trois mois qu'elle a duré, elle n'a pas, un seul instant, fait paraître la moindre préoccupation de ce qui pouvait lui arriver, ni la plus légère plainte au milieu d'un affaiblissement qui n'était que trop visible. Si quelqu'un se laissait aller à la plaindre, elle avait coutume de dire : « Dieu sait mieux que nous ce qui convient « à ma mère et à moi. »

D'où venait ce silence absolu, gardé jusqu'à la fin, sur son état et sur son avenir ? on ne le sait. La crainte de contrister sa mère, déjà si éprouvée à l'avance, retenait-elle sur ses lèvres, les plaintes qui, tant de fois, auraient pu s'en échapper ; les biens du ciel lui apparaissaient-ils comme prochains et préférables de beaucoup à la vie présente, tout enchantée qu'ait été la sienne, ou enfin, Dieu qui ne nous a condamnés à la mort qu'à cause de la prévarication de nos premiers parents, a-t-il voulu en épargner les tristesses et les souffrances à celle qui avait si peu participé aux fragilités de la terre?

Par ce que nous avons vu de ses derniers moments, nous sommes porté à croire que cette dernière faveur se réalisa en elle. Personne ne l'entendit se plaindre un seul instant, ni parler de ses craintes et de ses souffrances. Quelques heures devant sa mort, nous osâmes lui dire : « Eh! mon enfant, est-ce que vous voudriez nous quitter? » Elle laissa notre demande sans réponse, et nous savons qu'elle ne s'en ouvrit pas davantage aux personnes qui lui étaient le plus chères, à celle surtout de ses deux amies qui lui restait encore, et multipliait autour d'elle les témoignages de la plus touchante amitié.

Pendant tout le cours de la maladie de cette chère enfant, au dire de sa douce mère, une seule impatience parut lui échapper, et l'on va voir quelle fut cette impatience. On l'avait sollicitée d'accepter un léger potage qu'elle avait reçu en s'en défendant; la suite n'en ayant pas été très heureuse, quand on vint lui demander comment elle s'en trouvait : « Pas « bien, dit-elle, mais puisque vons l'avez voulu. »

Peu occupée de ce qui pouvait arriver de la maladie dont elle souffrait, elle l'était de ses devoirs de piété ou des pieuses habitudes contractées sous l'inspiration de la grâce. « Je me demande, quel-« quefois, écrivait-elle pendant sa maladie, ce que « je fais pour le bon Dieu et je ne trouve rien, « absolument rien. Plus de méditations, plus d'exa-« mens de conscience. — Quelle conscience ! — « Plus d'offices, plus de retraites, plus de confes-« sions. J'ai tout de même pu communier, il y a « quelques jours. Je suis, parfois, bien humiliée, « bien honteuse : avoir tant reçu du saint Maître, tant « recevoir tous les jours et payer par l'ingratitude ! »

Elle fait part des prières que ses amies font pour elle et elle ajoute : « Voyez-vous ! on est trop bon « pour moi ; aussi je reçois ma récompense, ici-bas, « et puis, là-haut, j'arriverai les mains vides. »

N'était-ce pas peindre elle-même sa simplicité et sa candeur !

Une autre fois, c'est une bonne nouvelle qu'elle s'empresse de faire connaître. « J'ai pensé vous « faire plaisir, écrit-elle, en vous annonçant que « j'ai pu faire la sainte communion, le 2 août et « gagner, quatre fois, la grande indulgence. » Ce 2 août précédait sa mort de quatre semaines, et cette lettre datée du 11, n'en était éloignée que de vingt-quatre jours.

XXV

A vingt-quatre jours de son décès, notre chère Maria a encore assez d'aménité pour s'occuper des autres, et, malgré son état d'accablement, pour se plaire à dire des paroles aimables. Elle a appris qu'une jeune personne va entrer prochainement dans un pensionnat religieux ; elle s'en réjouit, et écrit à une personne de sa famille :

« Comme je l'aime, cette enfant ! quelle sim-
« plicité, quelle innocence ! que le bon Dieu lui
« conserve toujours ce trésor incomparable ! Je
« crois que le pensionnat lui fera du bien sous le
« rapport de la piété, de la vertu ; elle se laissera
« prendre facilement, je crois, dans les filets du
« bon Maître. »

Son entière soumission à la sainte volonté de

Dieu ressortait de toutes ses paroles : à celles qui se proposent de prier pour elle, elle répond, elle les prie de demander une seule chose, c'est-à-dire que la volonté de Dieu soit faite.

A cette époque si rapprochée de sa mort, elle écrivit encore, et nous trouvons dans ses lignes le secret de sa rare patience : « Priez, dit-elle, pour « que je sois toujours résignée pleinement et en-« tièrement à la sainte volonté de Dieu, et qu'il me « donne, ainsi qu'à ma mère, le courage néces-« saire pour tout endurer, sans jamais exprimer la « moindre plainte. »

Celle de ses amies qui avait été tout particulièrement un ange gardien pour elle, quoique retirée au monastère, ne l'oubliait pas dans les douloureuses circonstances où se trouvait cette chère malade et, du fond de sa retraite, elle lui écrivait :

« Ma petite image, chère amie, vous a fait « plaisir : que j'en suis heureuse ! faisons donc plai-« sir à Celui que nous devons aimer par-dessus « toutes choses ; ne le contristons par aucune infi-« délité. Sachons toujours le toucher, l'attirer vers « nous, ravissons son Cœur par un pur et ardent « amour. Oh ! comme il sait bien, ce doux Sauveur, « épurer toutes les affections, mais toujours douce-

« ment, sans violenter en aucune façon notre vo-
« lonté, nous demandant, pour ainsi dire, notre
« consentement, pour que notre sacrifice lui soit
« fait librement, volontairement. Vous jouissez, me
« dites-vous, ma chère amie, de tout ce qu'il plaît
« à Dieu de vous donner, doux ou amer : je vous
« en loue. Qu'il est bon, en effet, de s'abandonner
« entièrement à sa volonté, d'être content de ce
« qu'il veut, de prendre tout comme venant de sa
« main paternelle. Les peines, les souffrances, les
« douleurs sont les visites du Seigneur. Oui, chère
« amie, cette pensée fait du bien ; en tout et tou-
« jours, voyons notre Dieu : c'est le Seigneur qui
« passe, c'est lui qui me visite... »

C'était le 20 août, quinze jours avant le dernier, que cette lettre arrivait à notre chère Maria. Cet ange qui l'avait conduite pendant les belles années de la jeunesse, cette amie fidèle se retrouvait encore auprès d'elle quand elle allait mourir, et quels conseils elle lui apportait là ! Comme elle la préparait au dernier événement ! *Ravissons le Cœur de Jésus,* et encore, *en tout et toujours, c'est le Seigneur qui passe, c'est lui qui me visite.* Ce langage allait être bien reçu de celle qui *jouissait de ce qu'il plaisait à Dieu de lui donner, doux ou amer.*

La trinité virginale existait encore et faisait son œuvre. Auprès de la malade se tenait, assidue et dévouée, sa seconde amie, la soutenant de ses encouragements et de ses paroles, lui rappelant par sa présence tous les heureux moments, tous les pieux entretiens du passé.

Dieu vraiment avait voulu épargner à sa douce vierge les ombres des derniers jours; le 1er septembre, le vendredi de cette dévotion au Sacré-Cœur qu'elle avait, pour sa part, contribué à établir dans la paroisse, elle avait encore pu prendre part à l'œuvre de la Garde-d'Honneur, et, selon son vif désir, y faire la sainte communion à l'église. Le lendemain, 2 septembre, trois jours devant sa mort, la chère enfant écrit encore, elle dit :

« Encore votre pauvre infirme qui revient près « de vous chercher quelques bons conseils. Merci « d'avoir pensé à moi, ce mois-ci, et de m'avoir « écrit si souvent... Je ne suis pas mieux du tout : « mon écriture peut vous en donner la preuve. Je « tremble en écrivant, ce qui vous montre ma fai- « blesse ; je n'ai plus de forces du tout. Je me re- « commande à vous, je recommande aussi ma « chère mère : vous comprenez combien elle « souffre. »

Hélas! les bons conseils demandés n'eurent pas le temps de venir; deux jours après le départ de cette lettre, la chère malade, toujours calme, toujours aimable, toujours soumise et résignée, au point de faire croire qu'elle n'y pensait pas, cessait, non de vivre, mais de souffrir pour toujours.

XXVI

LA MORT ET LE TOMBEAU

Ecce quod concupivi, jam video, quod speravi, jam teneo : ipsi sum juncta in cœlis, quem in terris posita, tota devotione dilexi! [1]

(Off. Ste Agnetis).

Nous sommes aux derniers moments de notre chère Maria et rien de sa part n'a encore annoncé les approches de la mort ; elle est encore, comme toujours, douce, gracieuse et aimable, et pas un mot d'elle n'a fait allusion à ce qui est sur le point d'arriver.

Le dimanche, 3 septembre, à l'issue des vêpres, un pèlerinage s'était fait au sanctuaire de Notre-

[1] Maintenant ce que j'ai désiré, je le vois ; ce que j'ai espéré, je le tiens ; je suis unie dans le ciel à Celui que, sur la terre, j'ai aimé de toute mon âme.

Dame-des-Anges, à cette petite chapelle que nos jeunes amies avaient tant aimée et si souvent fréquentée. Quelques ex-voto y sont appendus, souvenirs, peut-être, d'engagements pris par elles et de grâces obtenues ; là, on s'en souvient, sont les lis de leur virginité : Ah ! si la chère malade en eut été capable, combien elle eut été heureuse de revoir ces lieux qui lui auraient rappelé tant de moments délicieux passés dans la prière, et les chastes projets de ces trois cœurs ! N'y pouvant penser, elle voulut du moins aller à l'église, pendant le pèlerinage, et y prier à l'autel de la sainte Vierge, devant lequel, heureuse et pleine d'amour, elle avait, durant des années, chanté les louanges de cette sainte Mère : ce fut pour la dernière fois.

Le lendemain, lundi, le mal était devenu tout à coup menaçant, et nous avions été appelé près d'elle. Nous lui proposâmes de recevoir la sainte communion, ce qu'elle accepta avec empressement, « bienheureuse, disait-elle, de voir sa petite « chambre honorée et sanctifiée par la présence de « Notre-Seigneur. » Elle la reçut à cinq heures du soir, avec une bien tendre piété, mais sans larmes, sans appréhensions de la mort, calme et recueillie, comme à ses communions habituelles. On voyait bien qu'il y avait là deux cœurs amis : le cœur de notre chère Maria et Celui de Jésus, son Fiancé bien-aimé, comme elle l'avait appelé bien des fois.

Le mardi matin, vint le tour du sacrement de l'Extrême-Onction. La mort ne semblait point encore imminente, mais les pieuses personnes qui l'entouraient ne voulaient rien négliger pour une enfant dont la vie avait été si hautement exemplaire : elle le reçut en pleine connaissance. Nous nous représentons encore cette chère enfant de vingt-trois ans, aimable toujours, même sous les coups de la mort, présentant ses mains aux onctions de l'huile sainte avec autant de calme, tout en respirant à peine, que s'il se fut agi de tout autre cérémonie religieuse.

Le même jour, à huit heures, pendant la messe qui se célébrait pour elle, sa mère, ses parents les plus proches, ses plus intimes amies l'entourant, elle fit à tous et à chacun en particulier, de petits saluts accompagnés de légers sourires. Puis vint un long soupir : ce fut le dernier, et elle remonta vers le Dieu qu'elle avait servi toute sa vie amoureusement, emportant avec elle sa pureté immaculée et son aimable innocence. Peu après, nous en avons la confiance, elle a pu dire ce que la sainte liturgie prête à la jeune martyre, sainte Agnès : « Maintenant ce que j'ai désiré, je le vois ; ce que j'ai « espéré, je le tiens ; je suis unie dans les cieux à « Celui que, sur la terre, j'ai aimé de toute mon « âme. »

Pendant près de trente heures, on vint, en grand nombre, visiter sa dépouille mortelle : tous se retiraient en disant qu'ils ne pouvaient voir en elle aucune des traces de la mort : son admirable modestie virginale, en effet, la couvrait comme d'un manteau d'honneur qui cachait les marques du coup funèbre. On était porté à dire, comme Notre-Seigneur auprès de la fille du prince de la Synagogue : « Cette jeune fille n'est pas morte, elle « n'est qu'endormie. »

Auprès de ce lit d'une mort si douce, se tenait la seconde amie de Maria, restée encore en ce moment dans le pays, aujourd'hui Visitandine ; elle montrait un saint respect pour les restes de cette compagne bien-aimée qu'elle avait connue si aimable et si pure. « Ah ! disait-elle, c'est bien à moi

« de lui rendre honneur : j'ai à le faire pour deux, » pensant à celle des trois amies que Dieu nous avait enlevée pour le cloître.

La sépulture de la chère Maria fut entourée des honneurs dus à cette charmante et si pieuse enfant. La congrégation, à laquelle elle appartenait, y eut la première part, et vint, en robes blanches, d'une voix entrecoupée de sanglots, chanter sur le bord de sa tombe les litanies de la sainte Vierge, que les larmes interrompirent plusieurs fois. Une belle fleur venait d'être brisée, une âme pure et fervente était enlevée au troupeau qui n'en a jamais assez de ce genre ; un ange, enfin, était de moins ici et de plus au ciel.

La tombe de cette charmante enfant donne à ceux qui la visitent l'idée de ce qu'était celle dont elle recouvre les restes. Un monument en marbre blanc indique la pureté virginale qu'elle conserva jusqu'à la fin ; des chaînes empêchent de fouler aux pieds un corps qui fut rempli des grâces de la jeunesse, pendant que le cœur l'était de celles plus précieuses encore des vertus chrétiennes ; des cyprès marquent les regrets toujours vivants restés à sa douce mère, et des couronnes en nombre, toujours renouvelées, témoignent de l'affection qu'elle avait inspirée à ses compagnes. Sur le marbre du monument ont été sculptés deux cœurs ; l'un orné d'un lis et l'autre transpercé d'un glaive : c'est le cœur de la fille, et c'est le cœur de la mère.

Non, cette jeune vierge n'est pas morte, elle n'était qu'endormie ; déjà, espérons-le, elle s'est éveillée au grand jour de la lumière éternelle ! ! !

TABLE

Pages.

Un mot aux lecteurs. 1

La nature 5

L'éducation. 23

La grâce. 47

La virginité. 71

Les bonnes œuvres. 83

La vocation. 107

L'épreuve 121

Adieux. 137

Les derniers mois. 145

La mort et la tombe. 157

5334 Tours. — Imp. Rouillé-Ladevèze, rue Chaude, 6.

IMPRIMERIE ROUILLÉ-LADEVÈZE

www.ingramcontent.com/pod-product-compliance
Ingram Content Group UK Ltd.
Pitfield, Milton Keynes, MK11 3LW, UK
UKHW020252180726
13839UKWH00001B/303

9 782329 605005